墨香财经学术文库
“十二五”辽宁省重点图书出版规划项目
国家社科基金一般项目（19BJY034）资助
湖北经济学院青年基金项目（XJYB202104）资助

Research on the Economic Consequences of the Implementation of Standards for Key Audit Matters

张 呈 ◎ 著

关键审计事项准则实施的经济后果研究

东北财经大学出版社 大连
Dongbei University of Finance & Economics Press

图书在版编目（CIP）数据

关键审计事项准则实施的经济后果研究 / 张呈著. —大连：东北财经大学出版社，2022.11

（墨香财经学术文库）

ISBN 978-7-5654-4681-8

Ⅰ.关… Ⅱ.张… Ⅲ.审计报告-研究-中国 Ⅳ.F239.232

中国版本图书馆CIP数据核字（2022）第207714号

东北财经大学出版社出版发行

大连市黑石礁尖山街217号 邮政编码 116025

网 址：http://www.dufep.cn

读者信箱：dufep @ dufe.edu.cn

大连永盛印业有限公司印刷

幅面尺寸：170mm×240mm 字数：158千字 印张：11 插页：1

2022年11月第1版 2022年11月第1次印刷

责任编辑：李 栋 吴 茜 责任校对：王 莹 周 晗 周 慧

封面设计：冀贵收 版式设计：原 皓

定价：52.00元

教学支持 售后服务 联系电话：（0411）84710309

如有印装质量问题，请联系营销部：（0411）84710711

前言

审计报告是审计师与使用者进行信息沟通的重要纽带，在降低信息不对称、提高资本市场运行效率方面发挥着重要作用。金融危机之后，传统审计报告因信息含量不足而饱受争议，为了回应使用者的诉求，新一轮审计报告改革在世界范围内展开，核心措施是在审计报告中增加披露关键审计事项，以期提高审计过程透明度，改善审计报告沟通价值。2016年12月23日，财政部发布《中国注册会计师审计准则第1504号——在审计报告中沟通关键审计事项》（以下简称“关键审计事项准则”）等12项新审计准则，跟进审计报告改革的国际变化，持续实现准则国际趋同。自2017年1月1日起，关键审计事项准则在A+H股公司率先试点，自2018年1月1日起在其他上市公司全面实施。随着审计报告改革的推进，我国关键审计事项准则的具体实施情况如何？产生了怎样的经济后果？特别是作为审计准则的执行者、审计报告信息的供给方，审计师在关键审计事项准则实施之后，行为发生了怎样的变化？作为改革的呼吁者、审计报告信息的需求方，投资者是否从关键审计事项中获取了决策有用的增量信息？这些问题值得深入研究。

本书结合审计学、经济学、心理学的相关理论，利用规范分析与实证检验相结合的方法，研究我国关键审计事项准则实施的经济后果。首先，梳理关键审计事项领域已有的研究文献。其次，阐述关键审计事项准则实施影响审计师行为、投资者决策的理论基础、逻辑框架。再次，通过统计分析、问卷调查等手段，摸清我国关键审计事项准则实施现状，并从审计师行为和投资者决策两个角度，实证检验关键审计事项准则实施的经济后果及其影响机制。最后，根据研究结论提出完善关键审计事项准则实施的政策建议。本书主要研究结论如下：

第一，我国关键审计事项准则的实施现状。作者利用我国2016—2017年披露新审计报告的上市公司样本，统计分析关键审计事项的披露现状，结果显示：（1）关键审计事项的披露以文本形式为主，表格形式为辅；（2）大多数公司的关键审计事项不超过3项，事项数量普遍偏少；（3）关键审计事项类型广泛涉及多个领域，但高度集中于资产减值和收入确认，并且行业特征十分明显；（4）关键审计事项的内容要素相对完整，但段落篇幅长短不一，事项描述的精确性、审计程序的逻辑性、审计结果的清晰性存在差异，披露水平参差不齐；（5）与英国相比，我国上市公司的关键审计事项在披露数量、事项选取方面的差异较小；（6）A+H股公司的关键审计事项具有较强持续性。作者通过问卷调查关键审计事项准则具体应用情况以及社会公众对关键审计事项的评价，发现：（1）原则导向的关键审计事项准则提高了新审计报告的撰写难度；（2）众多审计师在披露关键审计事项时表现谨慎且相互借鉴、模仿；（3）监管风险与客户解约风险是审计师披露关键审计事项时考虑的重要因素；（4）事务所在准则应用过程中发挥了积极作用；（5）关键审计事项披露得到社会公众的关注和认可，但事项数量、种类低于使用者预期，事项描述、审计应对程序等信息内容与使用者需求依然存在差距。

第二，关键审计事项准则实施对审计师行为的影响。基于审计质量视角的实证研究发现：（1）相比于未实施关键审计事项准则的控制组公司，A+H股公司在适用关键审计事项准则之后，应计盈余管理得到了显著抑制，说明增加披露关键审计事项可以促进审计质量的提高；

（2）区分事务所类型后发现，上述效应在非行业专长、对客户依赖程度较高的事务所中更加显著；（3）从准则具体实施情况来看，当审计师将应收账款减值、收入确认作为关键审计事项予以重点关注时，审计质量更高。基于审计收费视角的研究发现：（1）关键审计事项准则实施，促使审计收费显著上涨，并且在非"四大"审计以及法律环境较好的情况下上述影响更加显著；（2）进一步研究发现审计师披露的关键审计事项越多、文本越复杂，审计收费越高；（3）当审计师重点关注应收账款减值、固定资产减值、商誉减值以及收入确认事项时，审计收费更高。

第三，关键审计事项准则实施对投资者决策的影响。研究发现A+H股公司披露关键审计事项之后，盈余价值相关性显著下降，说明披露关键审计事项增强了投资者感知的公司风险水平和盈余不确定性，将投资者的部分注意力从会计盈余转移到关键审计事项信息，进而削弱了投资者股票定价决策中对盈余信息的依赖，降低了盈余价值的相关性。考虑信息环境后发现，关键审计事项披露对投资者决策的影响，在信息不对称程度较高的情况下更加显著。结合关键审计事项的具体披露来看，审计师披露的关键审计事项数量越多、段落篇幅越长、文本越复杂、精确度越高，盈余价值的相关性就越低；当审计师披露固定资产减值、存货减值、商誉减值以及股权投资事项时，盈余价值相关性显著下降，意味着披露不同数量、不同类型的关键审计事项会影响投资者的风险感知，进而影响关键审计事项信息的决策价值。

研究结论表明，我国关键审计事项准则实施显著影响审计师行为与投资者决策。一方面，披露关键审计事项提高了审计过程透明度，促使审计师更加谨慎执业，进而提高了审计质量与审计收费；另一方面，披露关键审计事项提供了与投资者决策相关的增量信息，显著改善了审计报告沟通价值，我国审计报告改革效果初步显现。与此同时，我国关键审计事项准则具体应用中仍然面临些许困难和问题，限制了审计报告信息含量的持续提升。为此，建议准则制定机构完善关键审计事项准则相关规定；监管部门密切关注审计师执业行为以及关键审计事项准则实施情况；事务所加强对关键审计事项信息披露的指导、监督与复核；审计师改进关键审计事项信息披露，并建议投资者理性解读关键审计事项信息。

本书的主要贡献在于：第一，通过问卷调查关键审计事项准则实施现状，有助于监管部门深入了解准则执行情况、找准关键审计事项信息披露的突破口，促进审计报告的决策价值提升。第二，实证检验关键审计事项准则实施对审计师行为、投资者决策的影响及其作用机制，丰富了关键审计事项领域的研究成果。第三，提出改进关键审计事项信息披露的具体方案，为更好地推进审计报告改革提供政策借鉴。

本书基于作者的中南财经政法大学博士学位论文编著而成，得到国家社科基金一般项目（19BJY034）、湖北经济学院青年基金项目（XJYB202104）的资助。在本书出版之际，特别感谢中南财经政法大学张龙平教授、湖北经济学院李长爱教授以及为我传授知识、答疑解惑的各位老师，感谢关心我、帮助我的各位同门、同窗和同事，感谢东北财经大学出版社对本书的出版付出的努力。

由于作者学术水平有限，对相关问题的分析和理解难免存在疏漏或偏颇，恳请读者批评指正。

作　者

2022年7月

目录

1 绪论

1.1 研究背景

审计报告是审计信息的主要载体，在降低信息不对称、提高资本市场运行效率方面发挥着重要作用。随着经济的发展与使用者信息需求的变化，审计报告模式不断演进与革新。2008年金融危机之后，世界范围内掀起了新一轮审计报告改革，其中最为核心的措施是要求审计师增加披露关键审计事项。自2013年开始，关键审计事项准则及相关新审计准则先后在英国、中国、美国等国实施。关键审计事项准则实施情况如何，引发了怎样的经济后果，值得人们深入探讨与系统分析。结合中国审计报告改革实践，选择审计师行为与投资者决策两个视角，研究关键审计事项准则实施及其经济后果，主要是基于制度环境背景、现实问题背景以及市场监管背景三个方面的考虑。

1.1.1 制度环境背景

审计准则修订与审计报告改革动态，是关键审计事项准则实施经济后果研究的制度环境背景。金融危机之后，传统审计报告因信息含量不足饱受争议：一方面，审计师掌握着大量关于被审计单位、审计过程的私有信息；另一方面，审计报告以审计意见为核心，直接呈现审计结果，缺少对审计过程的披露，并且信息内容千篇一律，沟通价值十分有限（IAASB，2015；唐建华，2015），审计报告改革的呼声日益强烈。为了回应使用者的信息需求，新一轮审计报告改革在全球范围内展开。2013年6月，英国财务报告理事会（Financial Reporting Council，FRC）率先进行审计报告改革；随后国际审计与鉴证准则理事会（IAASB）、美国公众公司会计监督委员会（PCAOB）相继于2015年、2017年修订审计准则，改革传统审计报告模式。2016年12月23日，我国财政部发布《中国注册会计师审计准则第1504号——在审计报告中沟通关键审计事项》等12项新审计准则，顺应国际审计报告改革趋势，持续实现准则国际趋同。

本次审计报告改革的核心内容在于增加披露关键审计事项，要求审计师在审计报告中披露本期审计中最为重要的事项，描述将其判断为关键审计事项的理由，以及实施的主要应对措施，以期提高审计过程透明度、改善审计报告沟通价值、降低信息差距。那么，随着关键审计事项的披露与新审计准则的实施，审计报告改革的初衷是否得以实现？换言之，审计师是否准确地捕捉了本期审计中最为重要的事项，真实、客观地披露了与审计过程相关的关键审计事项信息？以投资者为代表的信息使用者能否从新审计报告中获取增量信息？增加披露关键审计事项是否改善了审计报告沟通价值？一系列问题亟待研究。再者，中国是全球经济的重要组成部分，是新审计准则的执行国家之一，中国资本市场的经验证据，是评估全球审计报告改革效果必不可少的内容。立足中国审计报告改革的制度背景，从审计师行为和投资者决策的视角，研究关键审计事项准则实施及其影响，是全面评估新一轮审计报告改革经济后果的迫切需要。

1.1.2 现实问题背景

我国上市公司的关键审计事项披露现状以及关键审计事项准则在执行过程中呈现的问题，是关键审计事项准则实施经济后果研究的现实问题背景。我国审计报告改革是分步骤实施的，2016年12月出台的关键审计事项准则，自2017年1月1日起率先在A+H股公司试点，随后自2018年1月1日起，在其他上市公司全面施行。关键审计事项准则及其应用指南规定，审计师应当在审计报告中单独设立“关键审计事项段”，分项列示一个或者多个关键审计事项，从事项描述与审计应对两个层面披露审计师确定关键审计事项的理由以及实施的审计程序概览。不难看出，我国关键审计事项准则属于原则导向型，仅在大方向上对关键审计事项披露进行规范和指导，并未针对关键审计事项的具体披露细节提出强制要求。然而，审计报告改革初期，原则导向的审计准则在赋予审计师较大灵活性的同时，增加了审计报告的撰写难度，加上关键审计事项准则实施的经济后果尚不明确，许多审计师“不敢写”也“不会写”（季丰，2018）。事实上，我国大多数审计师披露的关键审计事项不超过3项，事项数量整体偏少，事项类型高度集中，语言表述较为相似，信息内容的可读性、逻辑性差别较大（冉明东和徐耀珍，2017；路军和张金丹，2018；张呈等，2019），并且A+H股公司前后两年的关键审计事项大多雷同（柳木华和董秀琴，2018）。这些问题是否会限制审计报告沟通价值提升，影响审计报告改革效果，值得予以关注。基于中国审计报告改革的实践，研究关键审计事项准则实施及其经济后果，是更好推进我国审计报告改革进程的现实选择。

1.1.3 市场监管背景

资本市场运行机制以及审计师在资本市场运行中的角色定位，是关键审计事项准则实施经济后果研究的市场监管背景。审计是资本市场有效运行的重要保障机制，作为资本市场的重要参与者，审计师的行为备受关注。审计准则是审计师的行为规范，旨在约束和指导审计师行为。审计准则变革意味着审计师行为规范发生了变化，监管部门对审计师提出了新的要求。作为审计准则的具体执行者、审计报告信息的供给方，审计师对关键审计事项准则的实施情况，不仅会影响审计报告改革的经济后果，还会影响资本市场运行效率。那么，审计师是否较好地执行了关键审计准则？新准则实施是否影响审计质量、审计收费？不同事务所、审计师个人在准则实施与行为决策方面是否存在差异？其作用机制是什么？只有解决了这些问题，才能全面了解、正确评价审计师行为，进而规范和引导审计师在资本市场上发挥积极作用。研究关键审计事项准则实施及其影响，是监管部门了解和规范审计师行为的内在要求。

1.2 研究价值

本书基于我国关键审计事项准则实施的制度背景，结合关键审计事项准则实施现状，实证检验关键审计事项准则实施对审计师行为与投资者决策的影响，具有重要的理论价值与现实意义。

1.2.1 理论意义

第一，构建了关键审计事项准则实施影响审计师行为、投资者决策的理论框架。本书运用期望差距理论、信息差距理论、信号传递理论、保险理论以及罪责控制理论，分析关键审计事项准则实施对审计师行为、投资者决策影响的作用机理与逻辑框架，为关键审计事项准则实施的经济后果研究提供理论支撑。

第二，拓展了关键审计事项领域的相关研究。审计报告改革以来，关键审计事项披露的经济后果成为众多学者讨论的热点话题，但是已有文献在研究方法上较多采用实验研究，实证研究相对缺乏。在数据选择上，已有研究结论多是基于英国审计报告改革的实践得出的，中国审计报告改革效果如何，尚不清楚。在研究视角上，现有研究集中于探讨关键审计事项披露对投资者市场反应、审计师法律责任的影响，极少数学者考察关键审计事项披露对审计质量、审计收费的影响，且研究结论并不一致。本书利用中国上市公司数据，实证检验关键审计事项准则实施对审计质量、审计收费的影响，并选择盈余价值相关性这一新颖视角，检验关键审计事项准则实施对投资者决策的影响，有助于拓宽已有研究领域，弥补现有研究的缺憾。

第三，丰富了审计师行为与投资者决策影响因素方面的研究成果。本书研究发现，关键审计事项准则实施之后，审计质量显著提高、审计收费显著上涨，并且新审计报告能够显著影响投资者评估的盈余决策有用性，从制度变革与准则实施层面，为探讨审计师行为、投资者决策的影响因素提供了证据，丰富了相关领域的研究成果。

1.2.2 现实意义

首先，为政府相关部门组织、推进审计报告改革提供了重要启示。审计报告是资本市场的重要信息来源，通过影响使用者感知的财务报表信息质量及其决策价值，引导资本市场的资源配置。本书的研究为政府相关部门了解关键审计事项准则实施情况，组织和推进审计报告改革提供了依据，有利于健全、引导和落实关键审计事项披露政策，为提高审计报告信息含量、改善审计报告沟通价值营造良好的制度环境。

其次，为监管机构规范审计师行为、完善关键审计事项披露机制提供有益参考。深入理解关键审计事项准则实施对审计师行为的影响，关注审计师披露关键审计事项信息时的主要考虑，有利于监管机构准确把握审计师在准则应用中出现的问题和症结，引导、规范审计师执业行为，改善关键审计事项披露现状，更好地推进审计报告改革，促进资本优化配置。

再者，为评估我国审计报告改革效果提供直接证据。本轮审计报告改革的主要目的在于，提高审计过程透明度，改善审计报告沟通价值，降低期望差距。本书基于投资者决策视角，检验关键审计事项披露的经济后果，区分信息环境和关键审计事项具体披露特征，探究不同情况下关键审计事项披露对投资者决策的影响，有助于评价关键审计事项信息的决策价值以及新审计报告的信息含量，实现审计报告改革初衷，提供我国审计报告改革效果的直接证据。

最后，为资本市场深入解读关键审计事项信息提供实践指导。本书深入探讨了关键审计事项准则具体实施情况对审计师行为与投资者决策的影响，结果显示：关键审计事项的披露数量、段落篇幅、文本可读性以及事项类型等具体披露不同时，审计质量、审计收费以及投资者决策存在显著差异，有助于资本市场深入解读关键审计事项信息。

1.3 研究思路与方法

1.3.1 研究思路

本书遵循以现有文献为基础，以逻辑推导为铺垫，以现状分析为依据，以实证结果为证据的研究思路，围绕关键审计事项准则实施的经济后果这一主题展开。具体而言，在综述已有研究成果的基础上，介绍关键审计事项准则实施的制度背景，阐述关键审计事项准则实施影响审计师行为与投资者决策的理论基础、逻辑框架，然后统计、调查我国关键审计事项准则实施现状，并利用我国上市公司数据，实证检验关键审计事项准则实施对审计质量、审计收费以及投资者决策的影响，最后根据研究结论提出政策建议。具体研究思路如图 1-1 所示。

1.3.2 研究方法

本书采用了文献研究、演绎推理、比较分析、问卷调查以及实证检验等研究方法。

第一，文献研究法。文献研究法是通过收集、整理和归纳已有文献资料，认知相关领域与话题的研究方法。本书紧扣关键审计事项准则实施及其影响这一研究主题，围绕审计准则变革的经济后果、关键审计事项两个方面进行文献检索、梳理与归纳，为本书研究提供文献基础与思路借鉴。

第二，演绎推理法。所谓演绎推理，强调从一般性的前提出发，通过推导、演绎，得出具体陈述或个别结论的研究过程与方法。本书从期望差距理论、信息差距理论、信号传递理论、保险理论、罪责控制理论等经济学、审计学、心理学的基础理论出发，通过层层推导与演绎，分析关键审计事项准则实施对审计质量、审计收费、投资者决策的影响机制与作用路径。

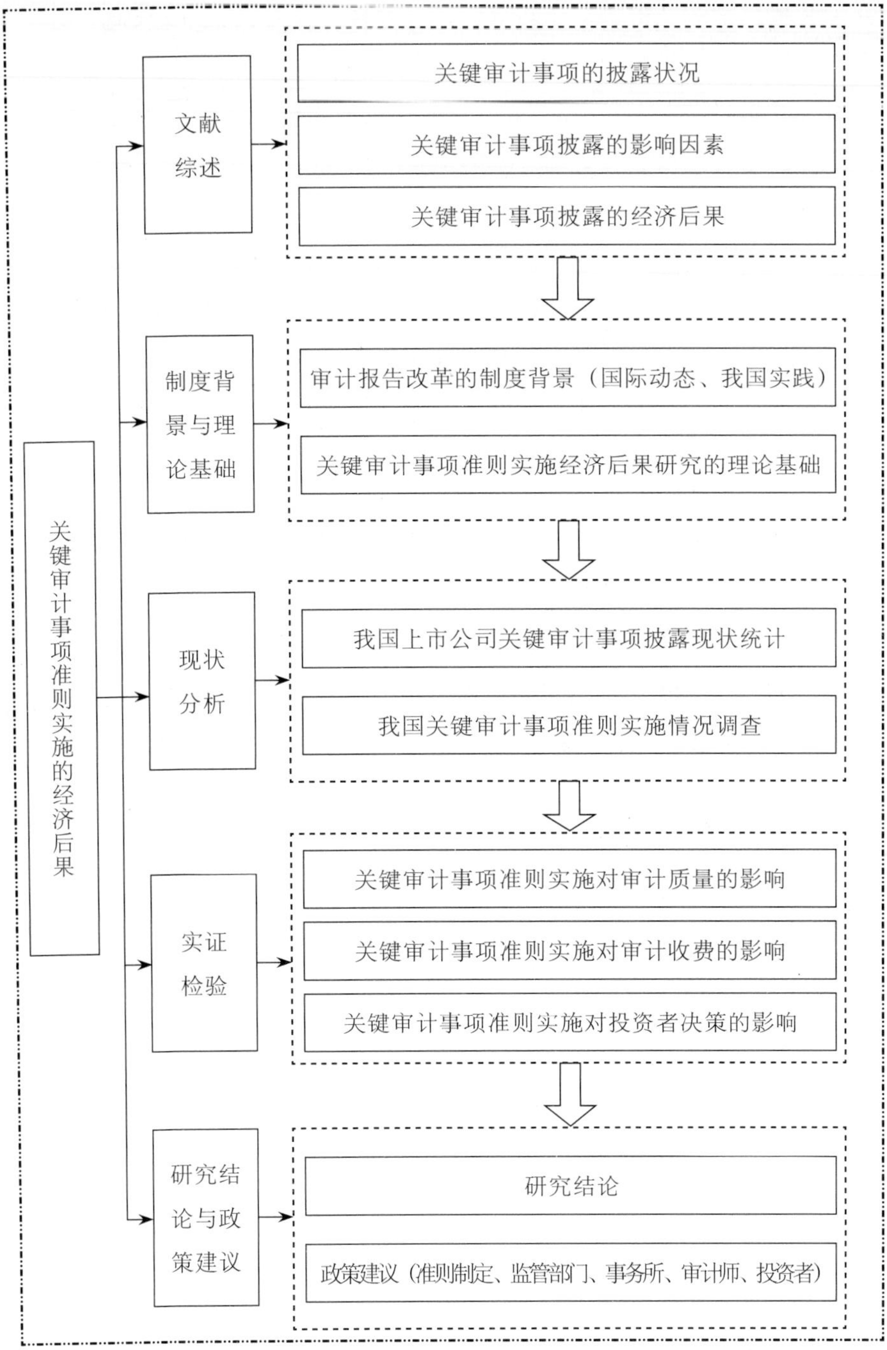
关键审计事项准则实施的经济后果
文献综述
关键审计事项的披露状况
关键审计事项披露的影响因素
关键审计事项披露的经济后果
制度背景与理论基础
审计报告改革的制度背景（国际动态、我国实践）
关键审计事项准则实施经济后果研究的理论基础
现状分析
我国上市公司关键审计事项披露现状统计
我国关键审计事项准则实施情况调查
实证检验
关键审计事项准则实施对审计质量的影响
关键审计事项准则实施对审计收费的影响
关键审计事项准则实施对投资者决策的影响
研究结论与政策建议
研究结论
政策建议（准则制定、监管部门、事务所、审计师、投资者）

图 1-1　研究思路图

第三，比较分析法。比较分析法，也叫对比法，是通过数据对比来发现差异，借以了解经济活动或发现问题的一种研究方法。本书第3章在统计分析我国关键审计事项准则披露现状的基础上，从事务所层面、行业层面进行对比分析，并结合英国审计报告改革实践进行横向对比、将A+H股公司2016、2017年关键审计事项披露情况进行纵向对比，以发现我国关键审计事项准则具体实施过程中存在的问题。

第四，问卷调查法。问卷调查指调研人员通过设计和发放问卷，向被调查者收集相关问题的一种研究方法。本书通过向审计师、社会公众发放问卷，调查关键审计事项准则实施的情况，发现准则具体应用中面临的困难，以及使用者对关键审计事项信息的评价。

第五，实证检验法。实证检验是一种常用的研究方法，旨在通过构建数学模型对经验数据进行分析，并验证研究假设。本书利用中国上市公司数据，通过建立双重差分模型、普通多元线性回归模型，检验关键审计事项准则实施对审计质量、审计收费以及投资者决策的影响。具体采用的研究方法包括：描述性统计、单变量分析、倾向得分匹配法（PSM）、多元线性回归等。

1.4 研究内容与创新

1.4.1 研究内容

本书基于审计报告改革的制度背景，探究我国关键审计事项准则实施的经济后果。除导论与研究结论之外，全书共8章，各章的具体研究内容安排如下：

第1章，绪论。该部分主要阐述研究背景与意义、研究思路与方法、研究内容与创新。

第2章，文献综述。该部分从关键审计事项披露现状、影响因素以及经济后果三个方面归纳关键审计事项相关的研究成果，并结合已有研究进行文献述评，为本书的研究提供文献基础与方法借鉴。

第3章，制度背景与理论基础。在制度背景部分，结合国际审计准则修订、英国和美国审计报告改革实践，介绍新一轮审计报告改革的国际动态，然后落脚于我国关键审计事项准则的实施，解读关键审计事项的含义与披露要求。在理论基础部分，利用期望差距理论、信息差距理论、信号传递理论、保险理论以及罪责控制理论，阐述关键审计事项准则实施经济后果的理论基础、分析框架，为后续研究提供理论支撑。

第4章，我国关键审计事项准则实施现状分析。一方面，选取2016—2017年披露新审计报告的A股上市公司样本，从披露形式、披露数量、事项类型、信息内容四个维度，统计分析关键审计事项披露现状；另一方面，从准则应用以及关键审计事项评价两个层面，以问卷调查关键审计事项准则实施情况，为研究关键审计事项准则实施的经济后果提供现实依据。

第5章，关键审计事项准则实施对审计质量的影响。基于我国审计报告改革的制度背景，利用关键审计事项准则率先于A+H股公司试点这一研究契机，通过PSM+DID的方法探究关键审计事项准则实施对审计质量的影响。然后，考虑事务所行业专长、客户重要性两个因素对关键审计事项准则实施与审计质量关系的调节作用，并结合2016—2017年披露关键审计事项的样本，检验审计师关注的关键审计事项具体类型对审计质量的影响。

第6章，关键审计事项准则实施对审计收费的影响。在PSM的基础上构建DID模型，实证检验关键审计事项准则实施对审计收费的影响，并进一步区分事务所类型、法律环境对关键审计事项准则实施与审计收费之间关系的调节作用。然后，从关键审计事项披露数量、段落篇幅、文本复杂性、文本精确度以及事项类型五个方面，考察关键审计事项准则的具体实施对审计收费的影响。

第7章，关键审计事项准则实施对投资者决策的影响。选取会计盈余价值相关性视角，通过构建PSM+DID模型，实证检验关键审计事项准则实施对投资者决策的影响。在此基础上，考察信息环境对关键审计事项披露与投资者决策之间关系的调节作用。进一步，结合关键审计事项披露数量、段落篇幅、文本复杂性、文本精确度以及事项类型，检验关键审计事项具体披露对投资者决策的影响。

第8章，结论、建议与展望。

1.4.2 研究创新

本书的研究创新主要体现在数据选择、研究视角以及研究内容三个方面。

第一，数据选择创新：全面考察了中国关键审计事项准则的实施情况及影响。随着审计报告改革的推进，国内外学者着手探讨关键审计事项披露及其经济后果，但大多数实证研究基于英国公司的数据展开，来自中国资本市场的证据十分匮乏。本书结合我国上市公司2015—2017年的数据，在详细统计关键审计事项披露现状的基础上，实证检验关键审计事项准则实施对审计师行为、投资者决策的影响，为世界范围内的审计报告改革效果评估补充了来自中国市场的重要证据。

第二，研究视角新颖：系统检验了关键审计事项准则实施对审计师行为、投资者决策的影响。一方面，现有针对关键审计事项披露经济后果的研究，大多从投资者决策的视角展开，围绕审计师行为的研究相对较少，且研究结论尚不统一，选择审计质量、审计收费两个审计研究领域的核心问题，检验关键审计事项准则实施的影响，有助于丰富已有研究文献。另一方面，已有关键审计事项准则实施对投资者决策的影响研究，集中于累计超额收益、股价同步性领域，作为综合反映投资者股票定价决策、体现审计报告信息沟通价值的会计盈余决策有用性鲜有涉及，选择盈余价值相关性作为切入点，研究关键审计事项准则实施对投资者决策的影响，有利于弥补已有研究的不足。

第三，研究内容创新：深入挖掘了关键审计事项准则实施对审计师行为、投资者决策的影响机制与作用路径。现有检验关键审计事项披露经济后果的文献，大多停留在新准则实施是否影响相关行为主体决策的层面，至于新准则实施如何具体影响其行为，研究较少。本书考虑事务所特征、法律环境、信息环境等因素的影响，并结合关键审计事项的披露数量、段落篇幅、文本特征、事项类型等，检验关键审计事项具体披露对审计师行为与投资者决策的影响，有助于更加系统、完整地评价关键审计事项准则实施的经济后果。

2 文献综述

2008年金融危机之后，传统的标准审计报告模式因信息含量不足备受争议，审计报告改革的呼声此起彼伏。为了回应使用者的信息需求，许多国家（地区）的组织机构与监管部门着手修订审计准则，改革传统审计报告模式。本轮审计报告改革期望解决的关键问题是，通过披露审计师执业过程，提高审计过程透明度，降低使用者与审计师之间的信息差距，其核心措施是在审计报告中增加披露关键审计事项。审计实务的发展引发审计理论界的探讨与思考，围绕关键审计事项的研究如雨后春笋般涌现。

2.1 关键审计事项的披露状况

随着审计报告改革在全球范围内展开，关键审计事项的披露状况逐渐成为国内外学者关注的焦点。FRC（2015）针对英国首次披露的153份新审计报告，从风险数量、风险类型等方面进行分析，认为新审计报告较好地遵循了审计准则的要求，并在披露重要性水平、与风险相关的审计发现等方面具有创新性。Be’dard和Besacier（2014）选取法国331家公司的新审计报告进行统计，发现不同公司的事项数量与性质不同，并且审计师披露的事项数量逐年减少，事项描述存在同质性。Barde和Raimbault（2014）基于法国40家最大的公司开展研究，发现审计师将多个事项披露在同一个段落中，且未提及影响金额，新审计报告的信息可读性与精确度较差。

在我国，冉明东和徐耀珍（2017）选取A+H股公司2016年披露的94份新审计报告进行分析，认为增加披露关键审计事项增加了审计报告的信息含量，提高了审计过程透明度，关键审计事项的披露形式与方法具有创新性，但是存在事项选择的颗粒差异度大、部分事项的语言表述重复度较高以及披露形式可比性差等问题。路军和张金丹（2018）利用关键审计事项准则率先试点这一研究契机，从披露方式、数量分布、详细分类、行业特征与事务所特征方面，统计分析A+H股公司首次披露的关键审计事项信息，发现关键审计事项的披露数量偏低，具体审计程序在“四大”与非“四大”之间存在差异，并且关键审计事项的披露存在某些固定模式。柳木华和董秀琴（2018）基于3 486家上市公司2017年披露的新审计报告进行统计，结果显示：审计师基本上按照新准则的要求披露关键审计事项，但披露比较谨慎、信息内容趋同，审计师识别关键审计事项的主要依据是重大错报风险，且对存在、发生以及截止认定的关注较多。进一步，通过对比A+H股公司2016年和2017年的关键审计事项发现，审计师确定的关键审计事项具有较强的连续性。张呈等（2019）以2016—2017年适用新审计报告准则的A股上市公司作为研究对象，统计分析关键审计事项的披露现状，发现关键审计事项的披露形式以文本为主、表格为辅；事项数量大多不超过3项；事项类型涉及多个领域，但高度集中于资产减值与收入确认；内容披露相对完整，但文本篇幅以及事项描述的精确性、审计程序的逻辑性、审计结果的清晰性存在差异。

从关键审计事项披露现状的研究中可以看出，不同公司的关键审计事项在呈现形式、披露数量、事项类型、信息内容等多个方面存在差异，说明关键审计事项准则的实施有助于打破传统标准审计报告的模板化披露，为使用者提供更多关于被审计单位与审计过程的个性化信息。但是，无论在英国、法国还是我国，关键审计事项的披露都存在些许问题，这些问题是否会对审计报告改革的效果产生影响，值得关注。

2.2 关键审计事项披露的影响因素

关键审计事项披露影响因素的研究，主要围绕以下两个方面展开。

一是从整体层面探讨增加披露关键审计事项、进行审计报告改革的原因。张琼（2012）立足审计三方关系与审计的产品属性进行分析，认为缩小“审计期望差”及“信息差”是新一轮审计报告改革，即在审计报告中增加披露关键审计事项的根本动因。阚京华和周友梅（2013）分析美国标准审计报告模式变革的过程，发现审计报告改革是审计实践发展的需要。具体而言，不断增长的全球商业运营复杂性迫使判断和估计不断增加，披露有关“估计、判断、证据的充分性、不确定性”等内容的报告，才能增强投资者对财务报表的信心。然而，标准审计报告模式没有体现这些信息，审计报告改革势在必行。唐建华（2015）、王慧（2017）指出，审计报告改革的主要原因在于标准审计报告信息含量不足，千篇一律的套话能够传递的个性化信息十分有限，同时金融危机是推进审计报告改革的外在因素。王雯（2014）、吴燕（2017）认为，审计准则国际趋同是影响审计报告模式变革的重要因素。为了持续实现审计准则的国际趋同，在国际审计与鉴证准则理事会修订国际准则的情况下，我国必然实施审计报告改革。

二是从具体层面考察关键审计事项具体披露的影响因素。Smith（2016）通过文本分析，发现来自大所和具有行业专长的审计师所撰写的审计报告可读性更强。阚京华和曹淑颖（2018）从会计师事务所特征、注册会计师个人特征、公司特征三个角度检验关键审计事项披露的影响因素，结果显示：具有行业专长的事务所披露的关键审计事项更多；女性审计师披露的关键审计事项可理解性更强，执业经验丰富的审计师披露的关键审计事项更少；企业的偿债能力越强，关键审计事项越多。

2.3 关键审计事项披露的经济后果

新一轮审计报告改革实施以来，针对关键审计事项披露经济后果的研究不断丰富，现有文献主要集中于关键审计事项披露对审计师行为、审计师法律责任以及投资者决策的影响三个方面。

2.3.1 关键审计事项披露对审计师行为影响的研究

现有针对关键审计事项披露对审计师行为影响的研究，主要从审计师独立性、审计质量以及审计收费等视角展开。Wells Fargo（2016）分析指出，新审计报告要求审计师披露更多的细节，因而当产生意见分歧时，审计师的态度可能会更强硬、更不愿意妥协，以保持较高的独立性。Reid等（2016）基于英国审计报告改革的制度背景，实证检验新准则实施对审计质量、审计收费的影响，发现新审计准则实施之后，被审计单位的盈余管理水平显著下降、盈余反应系数显著上升，但审计收费和审计成本并未发生显著变化。与之相反，Gutierrez等（2016）利用英国公司数据进行检验的结果显示，扩展式审计报告的披露，并未显著影响审计师对盈余管理的容忍度以及审计收费。我国学者杨明增等（2018）结合中国审计报告改革的实践，考察关键审计事项准则实施对审计质量的影响，发现A+H股公司在率先适用关键审计事项准则之后，应计盈余管理和真实盈余管理水平都得到显著抑制，审计质量显著提高。

2.3.2 关键审计事项披露对审计师法律责任影响的研究

当被审计单位面临起诉时，审计师往往会受到牵连。关键审计事项段披露、审计师的判断及审计应对措施，能够通过提高审计过程透明度，影响社会公众对审计师法律责任的感知。众多学者探讨披露关键审计事项是提升抑或降低了审计师的法律责任。

一种观点认为，关键审计事项披露提升了审计师的法律责任。Backof等（2014）实验发现，披露识别出的关键审计事项及实施的应对程序，反映出审计师意识到了相关风险，但随后的审计失败表明审计师未实施充分的审计程序来查出重大错报，进而导致使用者感知的审计师法律责任较高。Kachelmeier等（2014）的实验研究表明，与披露诉讼相关事项相比，若披露的关键审计事项与诉讼不相关，意味着审计师对重大错报风险的评估不充分，并未对最重要的事项进行正确识别，从而折射出较低的审计质量，此时，利益相关者要求审计师承担更多的法律责任。

另一种观点认为，关键审计事项披露降低了审计师的法律责任。张继勋等（2015）采用实验研究进行检验，结果显示：在标准审计报告中披露关键审计事项减轻了投资者感知的审计师法律责任，并且关键审计事项与之后发现的重大错报事项一致时，投资者感知的审计师法律责任更低。Brown等（2015）、Brasel等（2016）的实验研究表明，在审计师披露关键审计事项之前，相关的重大错报风险不可预见，披露关键审计事项、识别并报告相关风险，可以提醒使用者关注报表信息，发挥预警作用，进而减轻审计师的法律责任。进一步比较发现，这种预警作用在披露的关键审计事项与诉讼事项不相关时变得不显著，即披露诉讼相关事项比披露诉讼不相关事项，更容易减轻审计师的法律责任。

然而，除了关键审计事项本身之外，会计模式的不同也会产生差异。Gimbar等（2016）控制会计准则模式的影响后发现，原则导向的会计模式下，披露关键审计事项更容易让陪审团感知到审计师的随意与疏忽，进而提高审计师法律责任；规则导向的会计模式下，无论是披露相关事项还是不相关事项，都不会导致感知的法律责任增加。

2.3.3 关键审计事项披露对投资者决策影响的研究

众多文献讨论了关键审计事项披露对投资者决策的影响，研究成果相对丰富，但研究结论并不一致。

一种观点认为，披露关键审计事项提高了审计报告沟通价值，能够影响投资者决策。从实验研究来看，Christensen等（2014）、Sirois等（2014）、张继勋和韩冬梅（2014）通过提供给实验者含有关键审计事项、不含关键审计事项的审计报告，考察关键审计事项信息的决策价值，结果显示：与未获得关键审计事项的使用者相比，获得关键审计事项段的使用者，更容易改变决策，即改进的审计报告模式下，投资者感知的决策相关性和有用性增强。进一步，他们检验了关键审计事项信息披露的位置、数量、内容等对投资者决策的影响，发现在审计报告中披露关键审计事项比在财务报表附注中描述该事项更容易改变投资者的决策（Christensen等，2014）；随着关键审计事项披露数量的增加，使用者会投入更多精力阅读审计报告，进而降低对财务报表中其他信息的关注（Sirois等，2014）。从披露的内容来看，在描述关键审计事项的同时增加审计师的应对措施，会降低非职业投资者改变决策的意愿（Christensen等，2014）。Doxey（2014）的实验研究表明，在关键审计事项中披露审计师对管理层会计估计的评价，会影响投资者的风险感知，进而影响其决策。如果审计师敢于在关键审计事项中积极评价管理层的会计估计，则投资者会感知到较高的审计师独立性和管理层诚信，认为财务报告信息质量较高，进而提升投资意愿；反之，投资意愿较弱。

从实证研究来看，Reid等（2015）基于英国公司数据，检验披露重大错报风险异常交易量的影响，结果显示：与前一年相比，新审计报告准则实施的第一年，异常交易量显著增加，控制时间因素之后发现，这一差异确实是由改革引起的，并且审计师将重大错报风险披露得越详细，异常交易量越大。王艳艳等（2018）利用中国上市公司数据，检验关键审计事项的沟通价值，发现相比控制组公司，A+H股公司披露关键审计事项之后，累计超额收益显著上升，并且关键审计事项的文本特征与责任对象归属将影响其沟通价值。王木之和李丹（2019）结合我国关键审计事项准则实施的制度背景，考察新审计报告对股价同步性的影响，研究发现：增加披露关键审计事项之后，股价同步性下降，并且关键审计事项的披露数量越多、涉及的非行业共有事项越多、信息内容越详细，股价同步性越低。

另一种观点认为，披露关键审计事项并未提高审计报告信息含量，从而对投资者决策的影响有限。Brian和Brad（2017）的实验研究表明，非职业投资者对审计报告的关注有限，披露关键审计事项并未增加审计报告的决策有用性。Lennox等（2018）基于英国审计报告改革的制度背景进行实证检验，发现审计报告信息披露日前后的短窗口期内，超额累计收益、股票异常交易量均不存在显著变化，将披露的重大错报风险按性质、数量、是否提前被预期等细分之后，结论依然成立，表明投资者对重大错报风险信息的市场反应不明显。进一步分析发现，重大错报风险信息确实捕捉了企业财务报告中的重大不确定性，但在审计报告披露之前，投资者已经从管理层盈余公告、电话会议、上一年年报等其他渠道知悉了其中大多数信息。

此外，关键审计事项信息的决策有用性，可能受到管理层披露方式、投资者类型的影响。Kelton和Montague（2015）选用不确定事项的披露进行实验，发现审计师披露的关键审计事项能否改变使用者决策，取决于管理层对不确定事项的披露。若披露得合理，则会让投资者感知到较低的投资风险，进而投资意愿增强；反之，感知的投资风险较大，投资意愿减弱。Köhler等（2016）选择89位来自不同国家的职业投资者和69位非职业投资者进行实验，发现非职业投资者对关键审计事项的信息解读存在困难，导致改进的审计报告沟通价值有限。

2.4 文献述评

综合以上研究成果可以看出，审计报告改革以来，针对关键审计事项的相关研究逐渐涌现，从探讨改革动因、改革现状，到考察新准则实施的经济后果，研究成果日益丰富，为本书提供了重要的文献参考与思路借鉴。但是，现有文献在研究方法、数据选择、研究视角、研究内容等方面，还值得进一步探讨与深入，这为本书开展关键审计事项准则实施及其经济后果研究提供了机会。

从研究方法来看，已有研究较多采用实验研究，实证研究相对缺乏。实验研究方法是通过做实验来得到某种结论或验证某种结论，研究结果容易受到测试对象知识结构等因素的影响，从而使得结论难以推广。实证研究是通过对研究对象大量观察、检验，从个别到一般，进而归纳出事物的本质属性与发展规律。相比实验研究，实证研究的结论更具有说服力。为此，本书采用实证研究方法进行研究，以期丰富相关文献。

从数据选择来看，为数不多的几篇实证论文大多利用英国上市公司的数据进行研究，在中国资本市场上，关键审计事项准则实施效果如何，鲜有文献进行系统分析与实证检验。为此，本书基于中国审计报告改革的制度背景，选择A股上市公司2015—2017年数据进行实证检验，为我国关键审计事项准则实施效果评估提供经验证据。

在研究视角上，现有针对关键审计事项披露经济后果的研究，聚焦于投资者视角，针对审计质量、审计收费等审计师行为的研究十分有限。审计师是准则的执行者，是资本市场的重要参与者，关键审计事项准则实施对审计师行为的影响理应受到关注，本书尝试从审计质量、审计收费两个角度进行研究，以弥补现有研究的不足。此外，关键审计事项准则实施对投资者决策影响的检验，停留在累计超额收益、股价同步性等，在综合反映投资者股票定价决策、体现审计报告沟通价值的盈余价值相关性方面尚无文献涉及。本书选取盈余价值相关性作为切入点，考察关键审计事项准则实施对投资者决策的影响，从崭新的视角检验审计报告改革效果。

在研究内容上，关键审计事项的相关研究相对分散，尚未形成体系。首先，缺少对理论基础的梳理与介绍。关键审计事项披露的相关研究，离不开审计学、经济学、心理学等方面的理论基础，但现有研究中理论体系匮乏，而本书构建了关键审计事项准则实施经济后果的理论框架，尝试解决这一问题。其次，已有研究统计分析了关键审计事项的披露现状，探讨了准则实施的经济后果，但两个部分的内容相对孤立，关键审计事项准则具体实施情况对审计师行为、投资者决策的影响如何，结论尚不清楚。本书将关键审计事项的具体披露与准则实施的经济后果相结合，用联系的观点看待上述两个密切相关的问题，以丰富现有文献。最后，针对关键审计事项准则实施经济后果的现有研究，并未深入探讨关键审计事项准则实施对审计师行为、投资者决策的影响机制与作用路径，也未回答新审计准则的实施效果在不同情况下是否存在差异，这为本书留下了研究空间。

3 制度背景与理论基础

关键审计事项准则实施的经济后果研究，是立足我国关键审计事项准则实施实践、基于相关理论基础展开的重要议题。只有了解关键审计事项准则实施的制度背景，剖析关键审计事项准则实施对审计师行为、投资者决策影响的内在机理，才能为进一步的现状分析和实证检验奠定基础。

3.1 制度背景

3.1.1 注册会计师审计报告改革的国际动态

注册会计师审计报告自诞生以来，大致经历了非标准审计报告阶段和标准审计报告阶段。在非标准审计报告阶段，审计报告没有统一的措辞与结构，内容详尽，但缺乏可比性。在标准审计报告阶段，审计报告的用语、内容和格式日益标准化，具有内容简洁、统一可比等优点（李晓慧，2005）。随着经济发展、资本市场的不断完善，标准审计报告的缺陷日益凸显：一方面，瞬息万变的政治、经济和法律环境提高了商业决策的复杂性，使用者期望从审计报告中获取更多关于被审计单位风险以及审计师执业过程的信息；另一方面，标准审计报告格式固定、内容千篇一律，信息含量十分有限，无法满足使用者的需求，审计报告改革的呼声日益高涨。在此背景下，国际审计与鉴证准则理事会（IAASB）、英国财务报告理事会（FRC）以及美国公众公司会计监督委员会（PCAOB）纷纷开展审计报告改革。

（1）国际审计报告准则的最新修订

①国际审计报告准则的修订过程

2008年金融危机之后，社会公众对标准审计报告的质疑和不满达到高潮，为回应使用者的信息需求，国际审计与鉴证准则理事会启动审计报告改进的研究工作。2009年提交的研究报告指出，财务报表使用者的信息需求与通过各种渠道可以获取的信息之间存在差距：对于投资者和分析师而言，审计师在财务报表审计过程中的决策与判断，能够用于更好地评价被审计单位的财务状况、经营成果、现金流量，以及财务信息质量与审计质量。但是标准审计报告较少提及审计师的具体执业过程，决策者很难知悉审计师关注的高风险领域、审计资源的重点分配方向以及审计师的具体应对措施。再者，企业经营活动越来越复杂，财务报表编制中涉及判断和估计的领域日益增加，投资者希望审计师在审计报告中讨论对管理层判断与估计的评估。然而，标准模式的审计报告以审计意见为核心，只是以“合格、不合格”的方式传递最终结论，并未披露针对判断和估计实施的风险评估、风险分析以及风险应对。针对报告中提出的问题，2011年国际审计与鉴证准则理事会发布《提高审计报告的价值：探索改变的方法》，希望了解使用者对审计报告决策有用性和相关性的判断，探讨审计报告改革可能产生的影响，征求审计报告准则的修改意见。2012年，国际审计与鉴证准则理事会提出审计报告准则的修订方向，并邀请监管部门、准则制定机构、行业协会、会计师事务所以及投资者等多方人士，针对涉及的具体问题进行讨论。2013年，国际审计与鉴证准则理事会发布ISA 700（修订）的征求意见稿，以及与ISA 700相关的ISA 260（修订）、ISA 570（修订）等，初步确定审计报告准则的修订方向。2015年1月，国际审计与鉴证准则理事会综合征求意见稿的反馈意见，发布新修订的审计报告准则和相关准则，审计报告改革正式展开。

②国际审计报告准则的修订内容

本次国际审计报告准则的修订主要集中于ISA 700。具体而言，最新发布的国际审计报告准则包括《ISA 700——对财务报表形成审计意见和出具审计报告》《ISA 701——在独立审计师报告中披露关键审计事项》《ISA 260——与治理层的沟通》《ISA 706——在独立审计师报告中增加强调事项段和其他事项段》《ISA 570——持续经营》《ISA 720——注册会计师对含有已审计财务报表的文件中的其他信息的责任》《ISA 705——在独立审计师报告中发表非无保留审计意见》。其中，《ISA 701——在独立审计师报告中披露关键审计事项》属于新增准则，其他各项准则都是根据原有准则修订而成的。

相比修订前的审计报告准则，此次审计报告准则的核心变化是，要求在审计报告中增加“关键审计事项段”（IAASB，2015）。关键审计事项是从与管理层和治理层沟通的事项中挑选确定的，是审计师在本期审计中给予重点关注的一个或者多个事项。这些事项通常来源于具有较高重大错报风险的领域、需要审计师进行复杂职业判断的领域以及本期发生的重大交易和事项。针对关键审计事项的披露，不应该是财务报表中已有信息的简单重复，审计师应该描述确定关键审计事项的理由以及实施的审计程序概览。

此外，最新的国际审计报告准则还回应了持续经营问题，要求审计师强化对持续经营审计的投入，在被审计单位的持续经营存在重大不确定性的情况下，单设段落予以突出强调。同时，新审计报告准则要求增加“其他信息”段，明确注册会计师对其他信息负有主动阅读的责任。其他的修改还包括：调整审计报告的结构安排，将审计意见段提前；进一步澄清审计师责任；要求披露上市实体审计中的合伙人姓名等。

（2）英国审计报告改革

①英国审计报告准则的修订过程

英国审计报告改革是英国独特的社会、经济环境的产物，同时又与国际审计报告改革的大背景密切相关。在英国，注册会计师审计的相关内容都由《公司法》确定，2006年英国《公司法》的修订是推动审计报告改革的重要因素。新修订的《公司法》要求注册会计师从以下三个方面对财务报表发表审计意见：A.是否按照公司法编制；B.是否按照适用的财务报告框架编制；C.会计账目是否真实、公允地反映了公司状况与年度损益，这将直接影响审计报告中审计意见段的内容与表述方式，促使审计报告改进。2007年，英国财务报告理事会（FRC）发布《审计报告：改革之时已到?》一文，提出分离审计报告的范围，并在英国财务报告理事会的网站上予以公开披露；在审计报告中披露审计师对特定事项的说明等内容，探讨审计报告改革的具体措施。2008年金融危机之后，独立审计报告暴露的缺陷引发各界人士的反思与讨论，在国际审计报告改革呼之欲出的大背景下，英国财务报告理事会于2011年发布《有效的公司托管责任：强化公司报告与审计》的讨论文稿，着手修订审计报告准则。随后，英国财务报告理事会根据反馈意见进行调整，于2013年6月正式发布修订后的审计报告准则ISA（UK and Ireland）700，要求会计期间始于2012年10月1日及以后的财务报表审计按照新审计报告准则执行。从此，英国开始了新一轮的审计报告改革。

②英国审计报告准则的修订内容

不同于国际审计与鉴证准则理事会的做法，英国审计报告改革并未新增准则，而仅仅是在ISA（UK and Ireland）700的基础上进行修订。新准则的主要变化在于，要求审计师披露执业过程中识别出的最为关键的重大错报风险、重要性概念的运用等。虽然英国财务报告理事会并未明确提到“关键审计事项”，但这些内容与国际审计报告准则中的规定大同小异，核心目的都在于增加对审计师执业过程与职业判断的披露，旨在提高审计过程透明度和审计报告信息含量。此外，英国财务报告理事会也要求在审计报告中披露合伙人的名字，而且不仅仅局限于上市实体。对于持续经营问题、审计师责任等，英国审计报告准则虽然都有涉及，但未作强制要求，相关规定也比较简略（陈波，2016）。

（3）美国审计报告改革

①美国审计报告准则的修订过程

美国标准审计报告模式确立之后，虽然历经多次修订，但格式与内容的变动相对较小。金融危机以来，传统的标准审计报告模式饱受争议，众多投资者表示，审计师在财务报表审计过程中掌握了大量关于被审计单位及其环境、财务报表编制过程的私有信息，但这些信息并未在审计报告上反映出来，作为审计师与使用者信息沟通的重要纽带，“非黑即白”的标准审计报告决策价值有限。2010年，美国公众公司会计监督委员会（PCAOB）成立工作小组，对投资银行、私募基金、共同基金以及其他投资者进行调查和咨询，结果显示投资者对审计报告的信息需求主要包括两点：一是审计人员如何评估管理层编制财务报表过程中使用的会计估计与判断；二是针对重大错报风险较高的领域，审计师是如何应对的。基于以上调查结果，PCAOB于2011年6月以概念公告的形式发布了几种审计报告改革的备选方案，并向社会公众广泛征求意见。概念公告中建议注册会计师提供“审计人员讨论与分析书”，并披露以下信息：A.审计师识别的财务报表高风险领域、实施的审计程序、相关审计结果以及审计人员的独立性；B.针对涉及管理层重要估计与判断、对持续经营产生重大影响等重要事项，审计人员是如何评价的；C.从审计师的角度，充分披露被审计单位的重大事项；D.阐明审计人员更希望管理层在财务报表编制过程中选择何种会计政策和披露方式。2013年8月，PCAOB结合反馈的意见提出审计准则的修订草案，包括在审计报告中沟通关键审计事项以及审计报告的其他改进。2016年5月，PCAOB对2013年的草案进行完善，提出一份审计报告改进的新提议，详细介绍了关键审计事项的含义、来源以及沟通要求。2017年6月，PCAOB最终版本的审计报告改进标准正式发布，标志着美国审计报告开启了崭新的历史篇章。

②美国审计报告准则的修订内容

新一轮美国审计报告改革的核心内容主要包括以下方面：第一，要求审计师在审计报告中沟通本期审计中的关键审计事项，或者说明不存在关键审计事项的理由。美国审计报告准则中的关键审计事项是指审计师与审计委员会沟通的事项，主要包括两类：A.与财务报表中的重要账户或披露有关的事项；B.具有挑战性、主观性或者涉及复杂审计判断的事项。这些事项包括：审计师对重大错报风险的估计；审计师在确定与执行审计程序以及评估审计结果时，涉及主观判断的程序；对重大异常交易的性质与时间的判断以及对相应审计程序范围的确定等。第二，准则要求审计师从4个方面沟通关键审计事项：A.关键审计事项的确定；B.说明审计人员确定一个或多个事项为关键审计事项的理由；C.描述审计应对措施；D.索引至相关的财务报表附注。除此之外，新修订的审计准则进一步明确了审计师在财务报表审计中的职责，增加披露关于审计师独立性、审计师任期等信息。

综上所述，金融危机以来，为了回应使用者对标准审计报告模式的质疑与讨论，FRC、IAASB、PCAOB相继开展审计报告模式变革。各个国家或组织的审计报告改革内容虽不完全一致，但核心内容都在于增加披露关键审计事项。英国虽未直接提及“关键审计事项”的概念，但新审计报告准则中的重大错报风险项目与关键审计事项的含义类似。从新一轮审计报告改革的国际动态来看，审计报告准则变革与关键审计事项披露已然成为世界趋势。

3.1.2 我国审计报告改革的实践

（1）我国审计报告准则的修订

为了持续实现准则国际趋同，我国审计准则委员会借鉴国际审计与鉴证准则理事会（IAASB）的研究成果，修订注册会计师审计准则。2016年12月23日，关键审计事项准则等12项新审计报告准则正式出台。根据规定，新审计报告准则自2017年1月1日起率先在A+H股上市公司以及H股公司按照内地审计准则执行的审计工作中实施，自2018年1月1日起扩大到所有被审计单位。

新修订的审计报告准则在内容上与国际审计报告准则基本一致，最核心的变化依然是增加披露关键审计事项，要求注册会计师确定本期审计中的关键审计事项，并在形成审计意见之后，以“关键审计事项段”的方式描述和沟通这些事项，以期提高审计过程透明度，提升审计报告沟通价值，缩小信息差距。

（2）我国关键审计事项准则的相关规定

①关键审计事项的含义

《中国注册会计师审计准则第1504号——在审计报告中沟通关键审计事项》明确规定："关键审计事项，是指注册会计师根据职业判断认为对本期财务报表审计最为重要的事项。"也就是说，关键审计事项是在本期审计的事项中产生的，属于影响较为重大的事项，并且关键审计事项的确定取决于审计师的职业判断。

关键审计事项准则要求，注册会计师从与治理层沟通的事项中挑选出在审计过程中给予过重点关注的事项作为关键审计事项，例如，涉及较多审计资源投入、对财务报表影响重大、多次与管理层和治理层沟通、审计师比较纠结、对形成审计意见构成挑战的事项以及构成事务所内部咨询和项目质量控制复核重点内容的事项等。具体而言，关键审计事项主要来源于以下三个方面：A.重大错报风险较高或者涉及特别风险的领域；B.涉及对管理层估计和判断作出审计判断的领域；C.本期重大的交易或事项。注册会计师应当结合具体审计过程，确定对本期审计影响最为重要的一项或者多项关键审计事项，并在审计报告中进行披露。

②关键审计事项的披露要求

我国关键审计事项准则规定，除非存在以下两种情形，否则注册会计师应当在审计报告中披露关键审计事项：一是法律法规禁止公开披露的事项；二是合理预期关键审计事项披露可能产生的负面影响，将超过沟通该事项带来的公众利益。如果注册会计师认为不存在需要沟通的关键审计事项，应该在审计报告中单设的关键审计事项部分进行说明。此外，根据《中国注册会计师审计准则第1502号——在审计报告中发表非无保留意见》的相关规定，注册会计师对被审计单位的财务报表发表无法表示意见时，不得在审计报告中披露关键审计事项。原因在于，无法表示意见通常与审计范围严重受限有关，此时披露关键审计事项容易让信息使用者产生误解。可以看出，关键审计事项的披露属于强制披露，如果没有特殊情况，注册会计师必须披露关键审计事项。

从披露位置来看，关键审计事项准则要求注册会计师在审计报告中单独增加一个部分，以“关键审计事项”作为标题，并按照各项事项的具体内容拟定子标题，逐项描述关键审计事项。这意味着，关键审计事项是审计报告的重要组成部分，而非一份单独披露的报告。

从披露内容来看，准则及其应用指南要求从以下方面描述关键审计事项信息：A.引言段，注册会计师应当在引言段说明关键审计事项的含义，同时指出关键审计事项以审计意见为背景，注册会计师不再针对关键审计事项单独发表审计意见。B.索引至相关披露，如果被认定为关键审计事项的事项在财务报告其他位置提及，则应当在披露关键审计事项时索引至相关报表附注。C.事项描述，该部分主要用于解释审计师确定关键审计事项的依据，说明某项关键审计事项在本期被重点关注的原因。例如，被审计单位发展战略或经营模式的变化、新会计政策的实施、影响注册会计师获取证据的经济状况等。D.审计应对，即审计师针对关键审计事项实施的主要审计程序，可以包括以下内容：第一，根据评估的重大错报风险实施的最具针对性的审计应对措施或者方案；第二，简明扼要地描述已执行的主要审计程序；第三，实施审计程序的结果；第四，注册会计师对该事项的主要看法。

从披露语言来看，为了帮助使用者清楚地理解关键审计事项的重要性，正确认识关键审计事项与审计意见等审计报告中其他要素之间的关系，避免产生不必要的误解，准则及其应用指南要求注册会计师采用恰当的语言描述关键审计事项，并注意以下事项：第一，不得暗示注册会计师在尚未解决关键审计事项的前提下形成了审计意见；第二，关键审计事项的披露应该结合被审计单位的具体情况，避免使用标准化或者模板化的语言；第三，能够体现审计师对关键审计事项的考虑与判断；第四，不单独对关键审计事项中涉及的财务报表某一要素发表审计意见，也不作出相关暗示。

结合我国新审计准则的修订可以看出，在审计报告中披露关键审计事项的主要目的在于回应使用者的信息需求，期望通过增加对审计师职业判断与执业过程的披露，提高审计过程透明度，增进使用者对审计师风险评估过程、风险应对措施的了解，进而为判断审计质量、财务报表信息质量提供决策有用的增量信息。现行关键审计事项准则及其应用指南对关键审计事项披露的规定，属于原则导向型，仅在披露大方向上作出了强制规定，在披露数量、事项类型、段落长度等具体的披露细节上赋予了审计师较大的灵活性。

3.2 理论基础

关键审计事项准则实施的经济后果研究，依赖于丰厚的理论基础。结合我国审计报告改革的制度背景，利用审计学、经济学、心理学相关理论，阐述关键审计事项准则实施对审计师行为与投资者决策影响的作用机理及分析框架，能为后续研究提供理论支撑。

3.2.1 关键审计事项准则实施经济后果研究的相关理论

（1）审计期望差距理论

审计期望差距的概念由美国科恩委员会（1978）提出，指社会公众对财务报表审计的期望与审计师实际执业水准之间的差距。由于财务报表信息使用者对审计目标、性质、范围等的理解不够，特别是对审计师发现报表舞弊能力的认识存在偏差，因而审计期望差距普遍存在。1986年，加拿大特许会计师协会（CICA）成立审计公众期望研究委员会，又称麦克唐纳委员会，专门调查社会公众对审计的期望。研究发现，社会公众对审计的期望和需求与其对目前审计执业活动的认识之间确实存在一定差距（CICA，1988）。这种差距主要由以下四个部分构成：一是不合理期望，具体是指社会公众对审计的需求与理论上审计准则可以实现的期望水平之间的差距；二是合理期望，反映准则可能实现的期望水平与现行准则要求达到的期望水平之间的差距；三是实际执业缺陷，即现行审计准则要求的期望水平，与审计师实际执业活动所能实现的期望水平之间的差距；四是公众认知偏差，指社会公众对审计执业活动的认知与审计师实际执业水准之间的差异。其中，第一部分的不合理期望与第四部分的公众认知偏差，是由信息使用者对审计固有局限以及审计师执业行为的认知不足导致的，审计师无法控制，只能通过增进社会公众对审计职业以及审计人员的理解来改善。第二部分的合理期望与准则规定相关，可以通过完善准则缩减这一差距。第三部分的实际执业缺陷与审计师行为密切相关，提高审计师执业水平有助于缩小这一差距。

作为审计结果的信息载体，审计报告是审计师与信息使用者进行沟通的媒介，在降低期望差距方面发挥着重要作用。特别是在标准审计报告模式形成与发展的过程中，审计报告沟通价值体现得越来越明显：针对审计范围、目标、过程的说明，关于管理层与审计师责任的划分，都是为了帮助财务报表信息使用者了解审计以及审计师执业活动。金融危机之后，为了进一步改善审计报告沟通价值，降低审计期望差距，国际审计与鉴证准则理事会（IAASB）修订审计报告准则，改革审计报告模式。修订审计报告准则，是对已有审计准则的改进，能够在一定程度上缩小审计准则要求的期望水平与审计师实际执业活动所能实现的期望水平之间的差距。改革审计报告模式的核心内容在于增加披露关键审计事项，要求在审计报告中沟通本期审计过程中最为重要的事项，描述审计师确定关键审计事项的理由以及实施的主要应对措施，旨在通过增进社会公众对审计师职业判断与执业过程的认知和理解，一方面降低社会公众对审计的不合理预期，另一方面改善信息使用者对审计师及其执业过程的了解，降低公众认知偏差，进而缩小审计期望差距。

（2）信息差距理论

信息差距的概念是在新一轮审计报告改革的背景下，由国际审计与鉴证准则理事会（IAASB）创造性地提出来的，指财务报表使用者的信息需求与其通过各种渠道可以获取的信息之间的差距。信息差距理论立足于财务报表使用者的决策视角，探讨使用者的信息需求与信息供给之间的不对称问题。结合审计报告的决策价值来看，传统审计报告以审计意见为核心，审计师通过不同审计意见类型，向使用者传递关于被审计单位财务报表合法性、公允性的评价结果，帮助使用者判断被审计单位的财务状况、经营成果、现金流量以及财务报表质量，在一定程度上满足了使用者的信息需求。但是，随着经济、商业环境日益复杂化，使用者的决策难度不断增加，信息需求也随之发生改变，他们期望获取更多关于公司风险、会计估计以及审计师的风险识别、评估与应对等方面的信息。然而，传统审计报告格式固定、表述统一，除审计意见类型之外，其他内容基本千篇一律，并未提供相关信息内容。金融危机之后，审计报告信息供给与使用者信息需求之间的矛盾不断加剧，审计报告改革的呼声日趋强烈。为此，IAASB修订审计准则，要求在审计报告中增加披露关键审计事项，以期提高审计报告信息含量，缩小信息差距。

增加披露关键审计事项，是对审计报告模式的重要变革，它促使审计师结合被审计单位具体情况和审计执业过程，提供更多个性化信息，不仅打破了传统审计报告样板化的报告模式，而且有助于丰富审计报告信息内容。根据规定，审计师需要在改进的审计报告中，单独设立“关键审计事项段”，从事项描述和审计应对两个角度，披露审计过程中重点关注的高风险领域以及实施的主要审计应对程序。如此一来，审计师执业过程的“黑箱”将被打开，从而更有益于信息使用者知晓被审计单位的高风险领域，清楚审计师的风险评估依据与风险应对措施，为使用者更加准确地评估被审计单位面临的风险、审计师执业质量以及公司的财务状况、经营成果、现金流量提供依据。可见，实施关键审计事项准则，增加披露关键审计事项，旨在通过提高审计过程透明度，提供更多关于被审计单位风险以及审计师执业过程相关的信息，丰富审计报告信息供给，以更好地满足使用者的信息需求，从而缩小信息差距。

（3）信号传递理论

信号传递理论与信息不对称理论一脉相承，它分析了在信息不对称的情况下，市场中具有信息优势的一方，如何通过某种信号将信息传递给处于信息劣势的一方，以实现有效率的市场均衡（Spence，1974）。在信息传递过程中，通过显示信号，帮助市场参与者知悉相关信息的机制，被称作信号显示机制。注册会计师审计被公认为是一个可以将高素质与低素质公司区分开来的信号显示机制，它可以通过定期公布财务报表审计结果，向市场传递有关公司状态的信号，从而降低资本市场的信息不对称，缓解逆向选择问题。

具体而言，股份制公司出现以后，所有权与经营权分离：所有者拥有公司的所有权，但不参与日常经营活动，而是从外部聘请经营者对公司进行管理；经营者拥有公司的经营管理权，但没有所有权，只是从公司领取薪酬和奖励。所有者与经营者之间形成委托代理关系，为了履行受托经济责任，经营者定期向所有者提交财务报表以反映一定时期的经营业绩，但是由于信息不对称，所有者无法正确判断财务报表信息的真实性、公允性，于是需要独立的第三方对财务报表信息进行鉴证。审计师通过客观、独立地对被审计单位的财务报表进行鉴证并出具审计报告来向决策者传递相关信号。

在传统的标准审计报告模式下，审计意见被视作一种信号。不同类型的审计意见显示了不同的信号，标准无保留意见表示被审计单位的财务报表不存在重大错报，报表整体合法、公允；非标准无保留意见意味着经过审计的财务报表存在或多或少的问题，例如存在需要强调和提醒使用者关注的重要事项、存在重大错报、审计师工作范围受限等。在改进的审计报告模式下，除审计意见之外，还增加披露了关键审计事项，从审计师视角展示对被审计单位高风险领域的识别、评估与应对，并且不同公司在审计意见类型相同的情况下，关键审计事项也可能存在差异。因此，增加披露关键审计事项，能够进一步传递出与公司经营活动、内部控制等相关的信号，在降低信息不对称的同时，影响投资者对公司经营风险、战略风险、内部控制风险的感知，进而影响其决策。

（4）保险理论

审计需求的保险理论于20世纪80年代在美国审计理论界流行起来，它基于审计的保险机制探索审计在社会经济系统中的本质功效，其核心观点认为审计是财务报表风险的一个转移机制，即审计具有保险价值。在保险假说下，审计的主要目的是降低信息风险，而信息风险产生的根源在于信息不对称。实践中，财务报表信息是投资者评估企业财务状况、经营成果、现金流量的重要依据（Scott，2000），但是与编制财务报表相关的会计信息系统掌握在管理层手中，由于双方信息不对称，管理层很有可能为了自身利益而故意掩盖某些对投资者决策至关重要的信息。因此，为了保证财务报表的真实性，降低财务报表使用者的信息风险，需要安排相应的监督机制。

降低信息风险的机制主要有两种：①信息鉴证机制，即通过聘请审计师对会计信息进行鉴证，根据审计意见判断被审计单位的报表信息是否按照适用的准则编制、是否存在重大错报等，从而降低使用者的信息风险。这种方式下，信息风险的降低依赖于审计师发现并报告财务报表重大错报风险的动机与能力，如果审计师与管理层串通、合谋，那么使用者的信息风险难以有效降低。②信息保险机制，即采用保险的方式将信息风险全部或者部分转移。这种机制下，审计师扮演着保险人的角色，当使用者依据经过审计的财务报表进行决策并遭受损失时，审计师需要提供相应的赔偿。不同于信息鉴证机制，在信息保险机制下，即使审计师未发现财务报表中的全部错报或舞弊，依然能够降低或消除使用者面临的信息风险。由于保险机制比鉴证机制更能有效降低信息风险，因此，在20世纪80年代美国出现诉讼爆炸的现象后，审计需求的保险理论应运而生。

Menon和Williams（1994）指出，只有当以下两个条件同时成立时，审计的保险价值才能发挥作用：第一，财务报表的信息使用者具有向审计师起诉的权利；第二，审计师具备相应赔偿能力。这意味着审计需求保险假说的成立依赖于相应的制度环境，审计师的民事赔偿制度正是审计保险价值得以形成的重要前提。在审计师民事责任制度下，审计师与使用者是保险人与被保险人的关系，如果事后被证实财务报表信息使用者因信赖经过审计的虚假、不实报告，进而导致决策失败，那么审计师将向信息使用者提供赔偿。为了控制出险概率，审计师会增加执业过程中的努力程度，包括实施更加严格的审计程序、扩大审计测试的范围、保持更高的职业怀疑等。因此，根据审计需求的保险理论，民事赔偿制度导致审计师面临着一定的诉讼风险，诉讼风险又进一步影响审计师行为。

关键审计事项准则实施之后，审计师披露了更多关于审计过程、职业判断的信息，在为投资者决策提供更多有用信息的同时，可能加大审计师面临的法律诉讼风险。而且关键审计事项通常涉及重大错报风险较高的领域、与管理层估计和判断相关或者属于重大交易和事项，这些事项的审计难度较大，检查风险较高，进而面临的审计风险与诉讼风险较高。为了应对增加的诉讼风险，审计师一方面可能会更加谨慎地执业以提高审计质量，另一方面可能会通过收取更高的风险溢价来获得补偿。

（5）罪责控制理论

Kahneman和Miller（1986）提出个体存在反事实思维，即在心理上否定过去已发生的事件，构建一种可能性假设的思维活动。在这种思维方式下，当个体遭受负面事项的影响时，会比较事件的真实状态与假设状态，考虑已发生的消极影响是否有可能避免或者发生改变。如果消极影响能够避免或者可以改变，则通常引发个体产生难过、后悔、内疚等负面情绪。Alicke（2000）将反事实思维导致的情绪反应与归责联系起来，提出罪责控制理论（Culpable Control Theory），认为从心理学的角度来看，负面事件产生的消极情绪能否引发责备，取决于相关的行动者是否在事件发生时实施了有效的控制。如果事件发生时，行动者已经采取了合理的防范措施免除危害，那么即使“可以避免的”坏结果最终发生，也很难引发责备。反之，如果事件发生时，行动者并未采取有效控制措施，相关事项导致消极后果是可避免的，则个体面对坏结果时的消极情绪很容易引发责备。

根据罪责控制理论，审计失败时，陪审团和利益相关者的负面情感反应会影响他们对审计师疏忽的评价，而这种评价取决于他们感知的审计师对重大错报识别和应对程度。具体而言，在审计报告中披露关键审计事项，能否引发陪审团和利益相关者对审计师疏忽的责备，进而影响其感知的审计师法律责任，可能存在两种不同的情形。第一，相比标准审计报告，审计师披露关键审计事项更不容易引发责备，从而降低利益相关者对审计师法律责任的感知。这是因为关键审计事项是在审计过程中重点关注过的事项，意味着审计师已经关注了相关领域的重大错报风险，并采取了应对措施。相比传统的标准审计报告，增加披露关键审计事项，让使用者了解审计师的风险评估与风险应对过程，更可能让陪审团和利益相关者感知到审计师为避免坏结果实施了有效的控制，进而降低负面情绪引发责备的概率，降低审计师的法律责任风险。第二，相比标准审计报告，审计师披露关键审计事项更容易引发责备，从而增强利益相关者对审计师法律责任的感知。关键审计事项描述的是财务报表审计中涉及复杂判断和估计、让审计师感到挑战和纠结的问题，披露这些事项可能引发信息使用者的担忧和质疑：为何尽管财务报表中存在公认的高风险领域，但审计师依然能够发表清晰的审计意见（Katz，2014）？为何审计师已经采取措施应对，但财务报表依然存在重大错报？因此，如果关键审计事项披露之后发现重大错报，信息使用者会认为审计师并未针对财务报表中的高风险领域合理设计、有效实施审计程序，审计工作存在疏忽。这种情况下审计失败导致的负面情绪反应引发责备的可能性提高，审计师面临的法律责任风险增强。

3.2.2 关键审计事项准则实施经济后果研究的分析框架

（1）关键审计事项准则实施对资本市场参与主体的影响路径

审计准则是审计师的执业依据，在规范和约束审计师行为方面发挥重要作用。关键审计事项准则实施，意味着监管部门对审计报告阶段的工作提出了新要求，进而直接影响审计师行为。审计师行为的最终产物为审计报告，审计报告是资本市场重要的信息来源，是审计师以独立第三方身份对被审计单位财务报表信息作出的鉴证，因其权威性被资本市场参与主体广泛使用。在审计报告中披露关键审计事项，增加审计报告信息供给的同时，可能影响信息使用者对审计师执业过程以及被审计单位具体情况的认识，进而影响其行为。由此可见，关键审计事项准则实施对资本市场各参与主体的影响路径存在差异：审计师受关键审计事项准则实施的影响最为直接，投资者、债权人、分析师等其他参与者，通过获取和解读审计报告以及经过审计的财务报表信息作出决策，受关键审计事项准则实施的影响相对间接（如图3-1所示）。

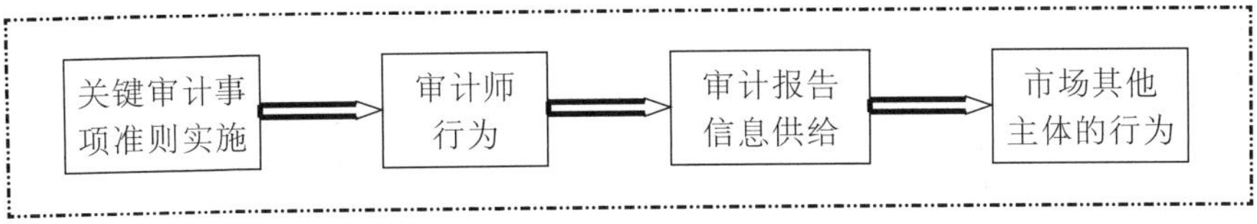

图3-1 关键审计事项准则实施对市场参与主体的影响路径

其中，在间接影响方面，相比其他信息使用者，投资者在关键审计事项准则实施之后的决策变化，值得重点关注。因为投资者是资本市场的核心，对资本市场健康有序发展影响重大。统计数据[①]显示：截至

① 数据来源于《证券日报》2019年5月15日第A01版第1页。

2019年3月底，我国资本市场上的投资者数量已经突破1.5亿个，其中，高达99.46%的投资者为自然人，而自然人投资者中大约有99.2%持股市值在300万元以下。这说明投资者特别是中小投资者依然是我国资本市场的主要力量，在资本市场资源配置方面发挥着重要作用。保护投资者利益，是资本市场高层次、全方位发展的基础和前提，也是审计这一监督机制设立的重要目的。关注投资者行为，基于投资者决策的视角，考察关键审计事项准则实施的经济后果具有重要意义。

为此，本书选择审计师行为与投资者决策两个视角，探究关键审计事项准则实施的经济后果，为全面、系统评估我国关键审计事项准则实施效果提供证据。

（2）关键审计事项准则实施影响审计师行为的机理分析

作为审计师的执业依据，审计准则在规范和约束审计师行为方面发挥重要作用。新准则的实施，意味着监管部门对审计师提出了新要求，进而可能影响审计师独立性与执业谨慎性（DeFond等，1999；张圣利，2011；陆正飞等，2012；吴溪和廖冠民，2013）、风险敏感性（李莫愁等，2015；李莫愁，2017）以及审计工作量（杨明增等，2014）等，并最终通过审计质量与审计收费反映出来。如图3-2所示，关键审计事项准则实施，要求在审计报告中增加披露审计师执业过程与职业判断，一方面，有助于提高审计过程透明度，为监管部门和社会公众更好地了解、监督审计师执业行为提供机会，从而增加审计师面临的监管风险、声誉风险、法律责任风险等，促使审计师更加谨慎地执行业务，保持较高的独立性，设计和实施更为严格的审计程序，收集更加充分、适当的审计证据，进而提升审计质量。另一方面，增加披露关键审计事项，提高了审计报告内容的复杂性，可能导致审计师投入更多的精力和成本撰写审计报告，从而引起审计收费上涨。与此同时，为了应对监管风险、声誉风险、法律责任风险的潜在影响，审计师可能不仅要改善审计质量，而且要收取更高的风险溢价作为补偿，在提高审计质量的同时，推动审计收费上涨。归根结底，关键审计事项准则实施，增加披露关键审计事项，可能通过影响审计师面临的监管风险、声誉风险、法律责任风险，以及审计报告复杂性，影响审计质量与审计收费。因此，如果准则实施之后，审计师面临的风险以及审计报告撰写难度并未发生显著变化，则审计质量、审计收费可能不会显著提高。

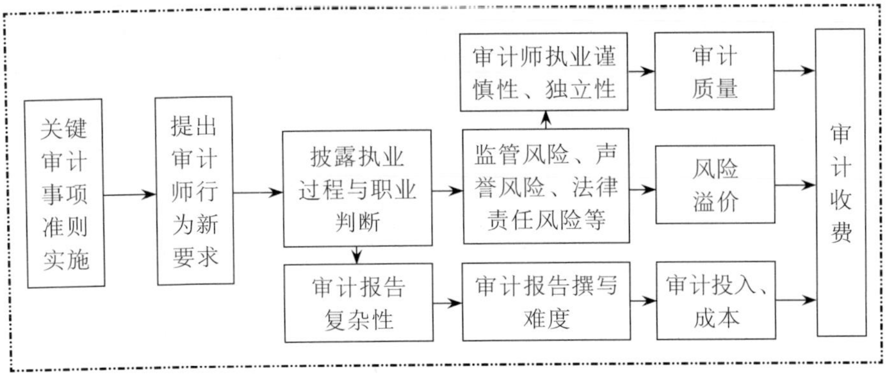

图3-2 关键审计事项准则实施影响审计师行为的路径

（3）关键审计事项准则实施影响投资者决策的机理分析

从审计报告披露到投资者决策大致经历了信息供给、信息获取以及信息解读三个环节，三者缺一不可。首先，增加披露关键审计事项，意味着审计报告信息供给的增加，但信息供给增加，并不代表决策价值提高。资本市场的信息来源十分广泛，如果关键审计事项提供的信息内容已经被投资者提前从其他渠道获知，则关键审计事项的决策价值有限；反之，披露关键审计事项，能够提供决策有用的增量信息。其次，投资者的信息获取是影响关键审计事项决策价值的重要因素。投资者的精力是有限的，如果在收集和获取信息时，投资者并未关注到审计报告以及关键审计事项信息，即使关键审计事项呈现了决策有用的增量信息，依然不会影响投资者决策。最后，投资者的决策行为，受到其对关键审计事项信息解读的影响。关键审计事项通过披露本期审计中最为重要的风险领域，描述审计师对重大错报风险的识别、评估与应对，阐述审计师的职业判断与执业过程。如果投资者无法理解其中含义，则关键审计事项信息决策价值有限。如果投资者能够理解其中含义，但其对公司风险、审计质量、盈余质量的认知不同，行为决策也会不同：当投资者通过阅读关键审计事项信息，感知到较高的公司风险水平以及不确定性时，其行为可能会更加谨慎；反之，当投资者感知到较低的公司风险水平以及不确定性时，投资者决策可能会更加积极。此外，相比传统审计报告的模板化披露，关键审计事项信息针对被审计单位的风险更具个性化，更有可能加剧不同投资者的信息解读及决策的差异。关键审计事项准则实施对投资者决策影响的具体路径见图3-3。

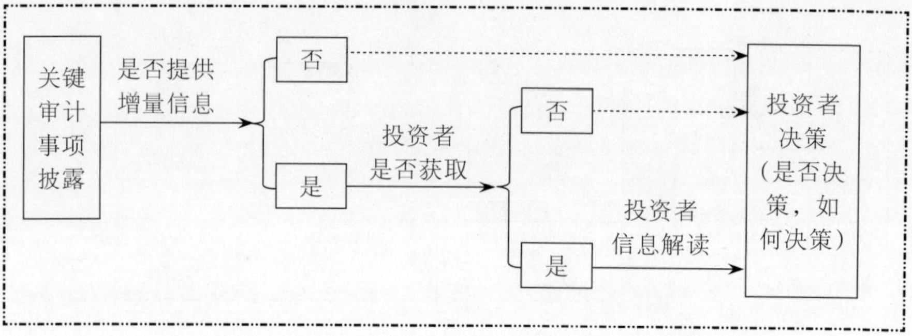

图3-3 关键审计事项准则实施影响投资者决策的路径

4 我国关键审计事项准则实施现状分析

关键审计事项准则实施的经济后果研究，依赖于关键审计事项准则的具体实施情况。结合关键审计事项准则及其应用指南的相关规定，统计、调查我国关键审计事项准则实施现状，是探讨新审计报告准则实施经济后果的基础和前提。

4.1 我国上市公司关键审计事项披露现状统计

2013年，英国财务报告理事会（FRC）率先实施审计报告改革，要求在审计报告中披露审计师关注的重大错报风险项目。2015年，国际审计与鉴证准则理事会（IAASB）公布修订的审计准则，要求在审计报告中增加“关键审计事项段”，改革现行审计报告模式。我国借鉴IAASB改革成果，于2016年底发布关键审计事项准则等12项审计准则，正式拉开审计报告改革的帷幕。为了解实践中我国关键审计事项准则的具体执行情况如何，呈现出哪些特点，本书选取2016—2017年A股上市公司披露的新审计报告，从披露形式、披露数量、事项类型、信息内容四个维度，统计分析我国上市公司关键审计事项的披露现状。

4.1.1 样本选择与数据来源

根据规定，我国关键审计事项准则自2017年1月1日起率先在A+H股上市公司试点，自2018年1月1日起在其他上市实体全面实施。因此，本书以2016—2017年适用关键审计事项准则的3 596家上市公司为最初观测值，并执行如下筛选程序：首先剔除未披露关键审计事项的上市公司56家，包括17家收到无法表示意见、按准则规定无需披露关键审计事项的上市公司样本以及39家关键审计事项信息缺失的上市公司样本；然后剔除B股上市公司18家。最终得到3 522家上市公司样本，包括2016年率先试点的93家A+H股上市公司以及2017年的3 429家A股上市公司。关键审计事项信息由作者手工整理得到，其他数据来自CSMAR数据库。样本筛选过程见表4-1。

表4-1 样本筛选过程

1.2016—2017年适用关键审计事项准则的上市公司数量	3 596
其中：2016年适用关键审计事项准则的上市公司数量	93
2017年适用关键审计事项准则的上市公司数量	3 503
2.剔除：未披露关键审计事项的样本数量	56
其中：无法表示意见，无需披露关键审计事项的样本数量	17
关键审计事项信息缺失的样本数量	39
3.剔除：B股上市公司数量	18
4.最终得到样本上市公司数量	3 522
其中：2016年样本上市公司数量	93
2017年样本上市公司数量[①]	3 429

① 2017年披露关键审计事项的3 429家样本上市公司，包括93家A+H股公司，以及3 336家普通A股上市公司。

4.1.2 关键审计事项的披露形式

我国上市公司关键审计事项的披露形式包括两种，一是以文本的形式披露整个关键审计事项段，二是将关键审计事项信息以表格的形式予以呈现，在表格的左侧披露关键审计事项的标题、相关财务报表附注、事项描述等内容，在表格的右侧披露关键审计事项的应对措施、审计结果等。其中，以文本形式呈现关键审计事项的审计报告共2 344份，占比66.55%，以表格形式呈现关键审计事项的审计报告共1 178份，占比33.45%。

区分事务所类型后发现，在274份“四大”出具的新审计报告中，用表格形式披露的关键审计事项高达73.36%；非“四大”出具的3 248份新审计报告中，仅有30.08%使用表格形式披露关键审计事项，剩下的69.92%均以文字形式披露。这说明“四大”的审计师更喜欢采用表格形式披露关键审计事项，非“四大”的审计师更愿意以文本形式进行披露（见表4-2）。例如，毕马威披露的关键审计事项全部以表格形式呈现，而大华会计师事务所披露的关键审计事项均未采用表格形式。

表4-2　**关键审计事项披露形式统计**

披露形式	全样本		“四大”		非“四大”	
	数量（份）	占比（%）	数量（份）	占比（%）	数量（份）	占比（%）
表格	1 178	33.45	201	73.36	977	30.08
文本	2 344	66.55	73	26.64	2 271	69.92
小计	3 522	100	274	100	3 248	100

4.1.3 关键审计事项的披露数量

（1）关键审计事项披露数量总体统计

从我国上市公司关键审计事项披露数量的总体分布（如图4-1所示）来看，每份新审计报告中包含的关键审计事项数量不等，最小的仅1项，最多的有6项。其中，包含2项关键审计事项的审计报告最多，包含3项和1项关键审计事项的审计报告其次，但披露4项以上关键审计事项的审计报告非常少。

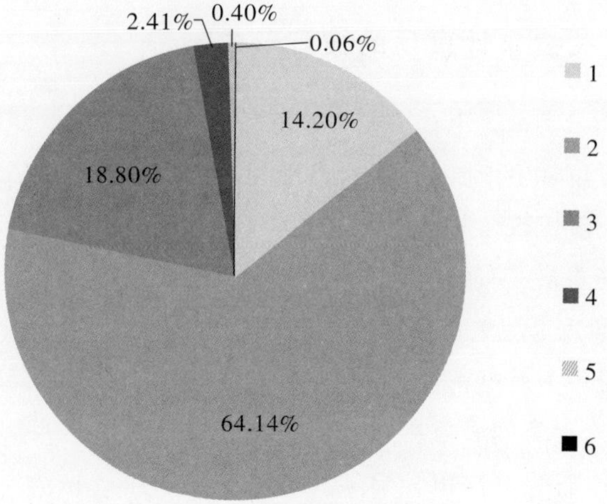

图4-1 关键审计事项披露数量的频率分布

具体而言，表4-3的统计数据显示：3 522份新审计报告共披露了7 426项关键审计事项，平均每份新审计报告中披露2.11项关键审计事项。其中，500份（占比14.20%）新审计报告仅披露1项关键审计事项，2 259份（占比64.14%）新审计报告披露2项关键审计事项，662份（占比18.80%）新审计报告披露3项关键审计事项，关键审计事项披露数量不超过3项的新审计报告累计占比高达97.13%。与此同时，在审计报告中披露4项、5项关键审计事项的审计报告仅分别为85份（占比2.41%）和14份（占比0.40%），而披露6项关键审计事项的审计报告仅有2份（占比0.06%），以上三者累计占比仅2.87%。统计结果表明，我国上市公司的关键审计事项披露数量大多不超过3项，并且一半以上的审计师披露2项关键审计事项。

表4-3 关键审计事项披露数量总体统计

单份审计报告中关键审计事项数量	新审计报告数量（份）	占比（%）	累计占比（%）	单个事项数量（项）
1	500	14.20	14.20	500
2	2 259	64.14	78.34	4 518
3	662	18.80	97.13	1 986
4	85	2.41	99.55	340
5	14	0.40	99.94	70
6	2	0.06	100.00	12
小计	3 522	100	–	7 426

上述统计结果一方面意味着我国大多数审计师根据职业判断，将当期审计的高风险领域锁定在3个以内的事项中，另一方面可能暗示着关键审计事项准则实施之初，在相关经济后果尚不明确的情况下，众多审计师认为披露2项关键审计事项最为“保险”。

（2）关键审计事项披露数量分行业统计

按照上市公司所处行业统计关键审计事项披露数量（如图4-2所示），发现各行业关键审计事项的平均数为2项，总体上差别不大。其中，金融业上市公司的关键审计事项平均披露数量最多，卫生和社会工作行业上市公司的关键审计事项平均披露数量最少。

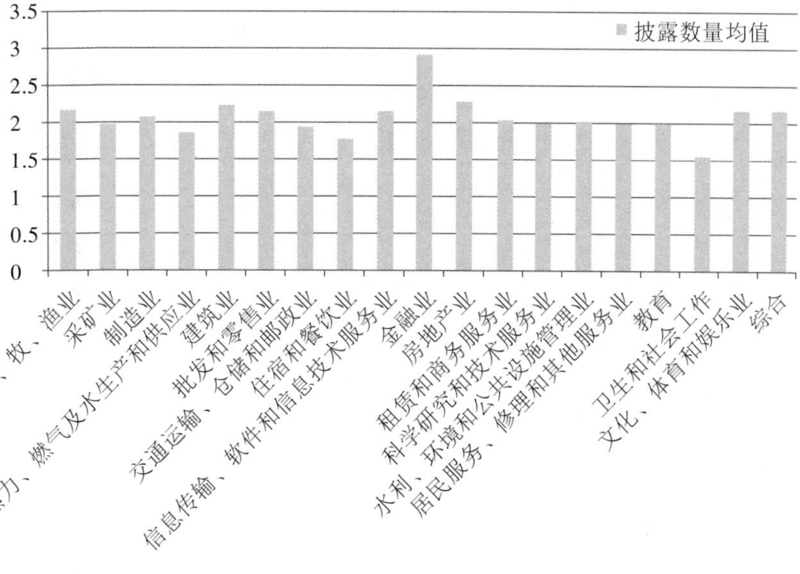

图4-2 关键审计事项披露数量的行业分布

结合关键审计事项披露数量分行业统计结果（见表4-4）来看，金融业上市公司关键审计事项的平均披露数量为2.92项，略高于其他行业。房地产业和建筑业上市公司的关键审计事项平均披露数量紧跟其后，分别为2.29项和2.23项，这可能与金融业、房地产业以及建筑业上市公司涉及的高风险领域相对较多有关。卫生和社会工作行业上市公司的关键审计事项平均披露数量最少，仅1.56项，可能是因为该行业涉及的高风险领域相对较少。从最大值与最小值的分布来看，关键审计事项披露数量最多（6项）的上市公司处于制造业；住宿和餐饮业，居民服务、修理和其他服务业以及教育行业上市公司的关键审计事项披露数量的最大值为2，事项数量相对较少。此外，卫生和社会工作行业上市公司在关键审计事项披露数量上差异最大，标准差达到0.88，其次是房地产业，标准差达到0.79。相比之下，居民服务、修理和其他服务业及教育行业上市公司的关键审计事项披露数量相对平均，不存在较大波动。这说明不同行业上市公司的关键审计事项披露数量存在一定差异。

表4-4 **关键审计事项数量分行业统计**

行业	均值	最小值	最大值	标准差
A.农、林、牧、渔业	2.16	1	4	0.71
B.采矿业	1.98	1	4	0.70
C.制造业	2.08	1	6	0.65
D.电力、热力、燃气及水生产和供应业	1.86	1	3	0.58
E.建筑业	2.23	1	4	0.61
F.批发和零售业	2.15	1	5	0.71
G.交通运输、仓储和邮政业	1.94	1	4	0.73
H.住宿和餐饮业	1.78	1	2	0.44
I.信息传输、软件和信息技术服务业	2.15	1	5	0.65
J.金融业	2.92	1	5	0.76
K.房地产业	2.29	1	5	0.79
L.租赁和商务服务业	2.04	1	3	0.56
M.科学研究和技术服务业	2	1	3	0.58
N.水利、环境和公共设施管理业	2.02	1	3	0.56
O.居民服务、修理和其他服务业	2	2	2	0
P.教育	2	2	2	0
Q.卫生和社会工作	1.56	1	3	0.88
R.文化、体育和娱乐业	2.12	1	3	0.59
S.综合	2.09	1	3	0.61
小计	2.11	1	6	0.68

（3）关键审计事项披露数量分事务所统计

表4-5报告了关键审计事项披露数量按事务所分类统计的结果。从表中数据可以看出，“四大”的审计师在每份审计报告中平均披露2.32项关键审计事项，非“四大”的审计师在每份审计报告中平均披露2.09

项关键审计事项，T检验结果表明，二者在1%水平上存在显著差异，说明“四大”的审计师披露的关键审计事项显著多于非“四大”的审计师。进一步，将非“四大”划分为国内大所[①]和国内其他事务所之后，发现“四大”披露的关键审计事项数量显著高于国内大所、国内其他事务所，但国内大所与国内其他事务所之间并不存在显著差异。

表4-5　**关键审计事项数量分事务所统计**

Panel A：关键审计事项披露数量分事务所统计

事务所类型：	均值	最小值	最大值	标准差	样本量
一、“四大”	2.32	1	5	0.94	274
其中：普华永道中天	2.13	1	5	1.11	85
德勤华永	2.06	1	4	0.73	71
安永华明	2.60	1	4	0.77	80
毕马威华振	2.60	1	5	1.01	38
二、非“四大”	2.09	1	6	0.65	3 248
1.国内大所	2.10	1	5	0.62	2 041
其中：立信	1.98	1	5	0.75	578
瑞华	2.20	1	4	0.46	338
天健	2.19	1	5	0.49	501
大华	2.10	1	5	0.61	220
致同	2.18	1	4	0.50	176
信永中和	2.01	1	4	0.76	228
2.国内其他事务所	2.07	1	6	0.69	1207

Panel B：均值差异T检验

项目	均值差异	T值
“四大”与非“四大”	0.23***	5.43
“四大”与国内大所	0.22***	5.07
“四大”与国内其他事务所	0.25***	5.07
国内大所与国内其他事务所	0.03	1.42

注：***、**、*分别表示在1%、5%、10%水平上显著。

按照排名前十的会计师事务所进行统计，发现安永华明和毕马威华振两家会计师事务所披露的关键审计事项平均数量最多，均达到2.60

① 国内大所是指2017年度业务收入排名前十的会计师事务所中，除国际“四大”之外的本土会计师事务所，包括：立信、瑞华、天健、大华、致同、信永中和六家会计师事务所。其他事务所是指除以上六家事务所之外的其他本土会计师事务所。会计师事务所排名信息来源于中国注册会计师协会官方网站，具体网址如下：https://www.cicpa.org.cn/ztzl1/swszhpm/。

项；立信披露的关键审计事项最少，平均仅1.98项。同时，普华永道中天披露的关键审计事项数量在不同上市公司之间差异最大，标准差达到1.11；相比之下，瑞华针对每家客户披露的关键审计事项数量差异最小，标准差仅0.46。这说明关键审计事项的披露数量在不同类型的事务所之间存在差异，事务所的风险偏好及质量控制可能是影响关键审计事项信息披露的重要因素。

（4）关键审计事项披露数量分审计意见类型统计

关键审计事项披露数量分审计意见类型统计的结果见表4-6。收到无保留意见的上市公司平均涉及2.10项关键审计事项，标准差0.66，收到其他审计意见类型的上市公司平均披露2.31项关键审计事项，标准差1.03。结合T检验结果可知，二者之间的差异在1%水平上显著，表明无保留意见通常伴随着显著较少的关键审计事项，相比之下，当审计师出具其他意见类型时，披露的关键审计事项显著更多。

表4-6 **关键审计事项披露数量分审计意见类型统计**

Panel A：关键审计事项披露数量分审计意见类型统计

审计意见类型	均值	最小值	最大值	标准差	样本量
无保留意见①	2.10	1	6	0.66	3 417
其他意见②	2.31	1	6	1.03	105
其中：无保留意见加事项段、说明段	2.40	1	6	1.01	70
保留意见	2.14	1	5	1.06	35
小计	2.11	1	6	0.68	3 522

Panel B：均值差异T检验

项目	均值差异	T值
无保留意见与其他意见	−0.21***	−3.16
无保留意见与无保留意见加事项段、说明段	−0.30***	−3.67
无保留意见与保留意见	−0.04	−0.36
无保留意见加事项段、说明段与保留意见	0.26	1.21

注：***、**、*分别表示在1%、5%、10%水平上显著。

① 新审计准则实施之后，旧审计报告模式下的“标准无保留意见”改称为“无保留意见”。统计中发现不少审计师出具报告时，仍然在审计意见类型中写“标准无保留意见”，文中统一按“无保留意见”计数。

② 之所以按照无保留意见和其他意见进行分类，其原因在于，通常认为（标准的）无保留意见属于清洁的审计意见，（标准的）无保留意见加事项段、说明段以及非无保留意见等其他审计意见属于非清洁的审计意见。

进一步细分之后发现，收到无保留意见加事项段、说明段的上市公司，被审计师披露的关键审计事项均值为2.40，标准差1.01；收到保留意见的上市公司，被审计师披露的关键审计事项均值为2.14，标准差1.06，T检验结果表明二者差异并不显著。将无保留意见分别与上述两种意见进行均值差异T检验，发现收到无保留审计意见的公司，被披露的关键审计事项数量在1%水平上显著少于收到无保留意见加事项段、说明段的公司，但相比收到保留意见的公司，差异并不显著。这意味着，审计师出具不同类型的审计意见时，披露的关键审计事项数量存在差异，关键审计事项信息披露在一定程度上能够反映审计师的职业判断与执业过程。

4.1.4 关键审计事项的类型分布

（1）关键审计事项类型的总体统计

表4-7报告了关键审计事项类型的总体统计。整体来看，我国上市公司的关键审计事项类型多种多样，包括资产减值、收入确认、股权投资、资产确认与折旧摊销、关联交易、合并报表、政府补助、债务重组等多个领域。

表4-7 关键审计事项类型总体统计

事项类型	数量（次）	整体占比（%）
资产减值事项	3 429	46.18
其中：应收账款减值	1 300	17.51
商誉减值	819	11.03
存货减值	725	9.77
金融资产减值	161	2.17
固定资产减值	133	1.79
无形资产减值	35	0.47
收入确认事项	2 378	32.02
股权投资事项	351	4.73

续表

事项类型	数量（次）	整体占比（%）
资产确认与折旧摊销事项	184	2.48
关联交易事项	139	1.87
合并报表事项	112	1.51
涉税事项	102	1.37
政府补助事项	97	1.31
公允价值计量事项	87	1.17
开发支出事项	80	1.08
成本/费用确认事项	51	0.69
诉讼仲裁事项	50	0.67
预提事项	31	0.42
职工薪酬事项	19	0.26
债务重组事项	14	0.19
信息系统事项	12	0.16
其他	290	3.91
小计	7 426	100.00

具体而言，新审计报告中出现频率最高的关键审计事项为资产减值，累计出现3 429次（占比46.18%）。其中，应收账款减值、商誉减值和存货减值是资产减值事项的主要来源，分别出现1 300次、819次和725次，分别占资产减值事项总数的37.91%、23.88%和21.14%。新审计报告中出现频率第二高的关键审计事项是收入确认事项，累计多达2 378次，占事项总数的比例为32.02%。此外，股权投资事项共出现351次，占比4.73%；资产确认与折旧摊销事项累计出现184次，占比2.48%；关联交易事项累计出现139次，占比1.87%；合并报表事项累计出现112次，占比1.51%；涉税事项共102次，占比1.37%；政府补助事项共97次，占比1.31%；公允价值计量事项共87次，占比1.17%；开发支出事项共80次，占比1.08%；成本/费用确认事项共51次，占比

0.69%；诉讼仲裁事项共50次，占比0.67%；预提事项共31次，占比0.42%；职工薪酬事项共19次，占比0.26%；债务重组事项共14次，占比0.19%；信息系统事项共12次，占比0.16%。这说明披露关键审计事项之后，审计报告的内容更加丰富、个性化。

从关键审计事项的类型构成来看，约78.20%的关键审计事项来源于资产减值、收入确认，仅21.80%的关键审计事项来源于其他事项，意味着我国上市公司的关键审计事项类型分布高度集中，资产减值、收入确认成为众多审计师关注的焦点。可能的原因在于，资产减值涉及管理层判断和估计，常常用于发挥蓄水池功能，重大错报风险较高；收入是利润的重要组成部分，可能存在管理层为实现业绩目标而舞弊的情形。

（2）关键审计事项类型分行业统计

表4-8将关键审计事项分行业进行统计，并列示事项分布数量最多的前两个行业。可以看出，除金融资产减值、合并报表、涉税、公允价值计量、信息系统等事项之外，各类关键审计事项均有一半以上来自制造业上市公司，80%左右的政府补助、职工薪酬、债务重组等事项分布于制造业。原因在于制造业占全样本比例高，因而该行业上市公司的关键审计事项类型分布与全样本统计情况相似。

表4-8　**关键审计事项类型分行业统计**

关键审计事项类型	行业代码	事项数量（次）	占比（%）	行业代码	事项数量（次）	占比（%）
资产减值事项	C	2 216	64.63	I	230	6.71
其中：应收账款减值	C	903	69.46	I	93	7.15
商誉减值	C	506	61.78	I	101	12.33
存货减值	C	542	74.76	K	59	8.14
金融资产减值	J	107	66.46	C	25	15.53
固定资产减值	C	88	66.17	D	16	12.03
无形资产减值	C	19	54.29	BG	6	各17.14

续表

关键审计事项类型	行业代码	事项数量（次）	占比（%）	行业代码	事项数量（次）	占比（%）
收入确认事项	C	1 517	63.79	I	194	8.16
股权投资事项	C	192	54.70	I	31	8.83
资产确认与折旧摊销事项	C	112	60.87	G	21	11.41
关联交易事项	C	95	68.35	F	8	5.76
合并报表事项	J	81	72.32	C	13	11.61
涉税事项	C	48	47.06	K	25	24.51
政府补助事项	C	77	79.38	BDF	3	各 3.09
公允价值计量事项	J	35	40.23	C	24	27.59
开发支出事项	C	62	77.50	I	12	15.00
成本/费用确认事项	C	30	58.82	F	6	11.76
诉讼仲裁事项	C	26	52.00	F	6	12.00
预提事项	C	21	67.74	G	6	19.35
职工薪酬事项	C	16	84.21	F	2	10.53
债务重组事项	C	11	78.57	F	2	14.29
信息系统事项	F	6	50.00	J	4	33.33
其他	C	154	53.10	J	24	8.28

注：行业代码对应的行业如下：A表示农、林、牧、渔业；B表示采矿业；C表示制造业；D表示电力、热力、燃气及水生产和供应业；F表示批发和零售业；G表示交通运输、仓储和邮政业；I表示信息传输、软件和信息技术服务业；J表示金融业；K表示房地产业。

除制造业外，其他行业上市公司的关键审计事项类型具有明显的行业特色。电力、热力、燃气及水生产和供应业的固定资产占总资产的比例较大，因此，固定资产减值事项多于其他行业。批发和零售业上市公司则较多涉及关联交易、成本/费用确认、诉讼仲裁、职工薪酬、债务重组等事项。交通运输业的高速公路使用权的确认及摊销额计算，涉及管理层重大判断和估计，仓储和邮政业中的资产确认、资产存在与计价事项存在较高的风险，对报表影响较大，从而使得资产确认与折旧摊销事项较多。信息传输、软件和信息技术服务业通常离不开软件、技术开发，收入确认时点受到完工进度、所有权相关的风险和报酬转移等因素的影响，从而收入确认、开发支出事项占比相对较高。金融行业的衍生金融工具和金融资产涉及公允价值估计，同时金融行业结构化主体合并事项较多，并且信息系统建设对金融行业上市公司的影响尤为重要。因此，公允价值计量、合并报表、信息系统等事项较多地分布在金融行业。房地产行业存货可变现净值的估计受政策以及市场的影响大、土地增值税的核算相对复杂、重大错报风险高，导致存货减值、涉税等事项较多。

统计结果说明，行业经营模式与业务类型的差异，导致关键审计事项的分布呈现行业特征：不同行业上市公司的关键审计事项各有侧重，同行业上市公司的关键审计事项相似度高。这也在一定程度上说明，审计师能够捕捉上市公司的重大错报风险，并将所处行业的高风险领域确认为关键审计事项予以披露。

（3）关键审计事项类型分事务所统计

关键审计事项类型分事务所统计结果见表4-9。可以看出，“四大”与非“四大”披露的关键审计事项中，均有将近一半来源于资产减值事项。但在资产减值事项中，“四大”更多地涉及应收账款减值、金融资产减值，非“四大”则披露了较多的应收账款减值与商誉减值。除资产减值事项之外，“四大”与非“四大”披露的收入确认事项数量分别占各自样本的15.88%和33.53%，仅次于资产减值事项。这说明资产减值、收入确认等事项是各类事务所都在重点关注的事项，这可能与新会计准则的实施有关。

此外，“四大”与非“四大”披露的股权投资、资产确认与折旧摊销、开发支出、成本/费用确认、诉讼仲裁、职工薪酬等事项在各自样本中的比例相对接近。与此同时，二者又存在一些差异。一方面，“四大”披露的收入确认、关联交易、政府补助等事项的占比均远远少于非“四大”。另一方面，“四大”披露的合并报表、公允价值计量等事项的占比明显更高。上述结果说明，不同事务所对关键审计事项的披露存在差异。

表4-9　　关键审计事项类型分事务所统计

事项性质	全样本（份）	"四大"样本		非"四大"样本	
		数量（次）	占比（%）	数量（次）	占比（%）
资产减值事项	3 429	316	49.69	3 113	45.85
其中：应收账款减值	1 300	75	23.73	1 225	39.35
商誉减值	819	47	14.87	772	24.80
存货减值	725	49	15.51	676	21.72
金融资产减值	161	59	18.67	102	3.28
固定资产减值	133	18	5.70	115	3.69
无形资产减值	35	9	2.85	26	0.84
收入确认事项	2 378	101	15.88	2 277	33.53
股权投资事项	351	31	4.87	320	4.71
资产确认与折旧摊销事项	184	14	2.20	170	2.50
关联交易事项	139	3	0.47	136	2.00
合并报表事项	112	54	8.49	58	0.85
涉税事项	102	19	2.99	83	1.22
政府补助事项	97	0	0.00	97	1.43
公允价值计量事项	87	34	5.35	53	0.78
开发支出事项	80	8	1.26	72	1.06
成本/费用确认事项	51	1	0.16	50	0.74
诉讼仲裁事项	50	3	0.47	47	0.69
预提事项	31	13	2.04	18	0.27
职工薪酬事项	19	3	0.47	16	0.24
债务重组事项	14	0	0.00	14	0.21
信息系统事项	12	3	0.47	9	0.13
其他	290	33	5.19	257	3.78
小计	7 426	636	100.00	6 790	100.00

4.1.5 关键审计事项的信息内容

(1) 内容要素

根据我国关键审计事项准则的相关规定[①]，关键审计事项段中应当包括以下要素：①标题；②索引至财务报表相关披露（如有）；③事项描述；④审计应对。其中，事项描述包含对具体事项及其影响的描述、审计师将其确定为关键审计事项的依据。据此，对关键审计事项披露内容的要素完整性进行统计。如表4-10所示，我国上市公司披露的7 426项关键审计事项中，仅32项（占比0.43%）未单列标题，有894项（占比12.04%）未索引至相关附注。所有关键审计事项均包含对相关事项的具体描述，但有27项（占比0.36%）未明确披露审计师将其判断为关键审计事项的依据。可见，除少数关键审计事项要素缺失外，大多数关键审计事项的内容要素完整，我国新审计报告准则的执行情况较好。

表4-10 关键审计事项的内容要素统计

要素	全样本（7 426项）				"四大"（636项）		"非四大"（6 790项）	
	披露		未披露		未披露		未披露	
	数量（项）	占比（%）	数量（项）	占比（%）	数量（项）	占比（%）	数量（项）	占比（%）
1.标题	7 394	99.57	32	0.43	2	0.31	30	0.44
2.索引至财务报表相关披露	6 532	87.96	894	12.04	33	5.19	861	12.68
3.事项描述	7 426	100	—	—	—	—	—	—
其中：描述具体事项及其影响	7 426	100	—	—	—	—	—	—
审计师判断依据	7 399	99.64	27	0.36	1	0.16	26	0.38
4.审计应对	7 426	100	—	—	—	—	—	—

① 《中国注册会计师审计准则第1504号——在审计报告中沟通关键审计事项》第十一条规定，注册会计师应当在审计报告中单设"关键审计事项段"，并使用恰当的子标题逐项描述关键审计事项。《中国注册会计师审计准则第1504号——在审计报告中沟通关键审计事项》第十三条及应用指南规定，审计师在审计报告中逐项描述关键审计事项时，应当分别索引至财务报表相关披露（如有），同时说明审计师将该事项确定为关键审计事项的理由，以及针对其实施的审计应对措施。在确定对关键审计事项的描述需要包含的信息时，审计师需要将事项联系到被审计单位的特定情况，也可以提及审计师将某一事项确定为重要审计事项之一时的主要考虑。

进一步按事务所分类统计后，发现“四大”披露的关键审计事项中，要素缺失的样本比例小于非“四大”。这说明不同类型事务所对审计准则的执行情况存在差异，“四大”的审计师披露的内容要素更加完整、对准则的执行情况更好。

（2）段落篇幅

较长的段落篇幅可能意味着更丰富、详细的信息内容，为此，结合我国上市公司关键审计事项信息内容，从关键审计事项段总字数、单个关键审计事项字数两个层面统计段落篇幅。如表4-11所示，单个关键审计事项文本长度的最小值为151，最大值为3 395，均值549.14，标准差174.96；整个关键审计事项段字数的最小值为328，最大值为6 680，均值1 261.51，标准差501.91。由此可以看出，审计师对关键审计事项的披露详略不一，文本字数存在较大差异。

表4-11 **关键审计事项的段落篇幅统计**

项目	样本	样本量（项）	均值	标准差	最小值	最大值	均值差异（“四大”-非“四大”）
单项关键审计事项字数	全样本	7 426	549.14	174.96	151	3 395	104.02*** (14.35)
	“四大”	636	644.43	9.61	151	1 778	
	非“四大”	6 790	540.41	2.01	165	3 395	
整个关键审计事项段字数	全样本	3 522	1 261.51	501.91	328	6 680	421.50*** (13.48)
	“四大”	274	1 651.18	835.33	469	5 204	
	非“四大”	3 248	1 229.67	449.75	328	6 680	

注：括号内数值为T值。***、**、*分别表示在1%、5%、10%水平上显著。

进一步分事务所类型统计并进行均值差异T检验，发现“四大”的审计师披露的关键审计事项段落总字数平均为1 651.18；非“四大”的审计师披露的关键审计事项段落总字数平均为1 229.67。“四大”的审计师针对单个关键审计事项平均披露了644.43字，非“四大”的审计师针对单个关键审计事项平均披露了540.41字，并且二者之间的差异均在1%水平上显著。以上结果说明，来自国际“四大”的审计师，所披露的关键审计事项平均篇幅更长、字数更多。

(3) 事项描述

关键审计事项准则第十三条及相应应用指南指出：在确定对关键审计事项的描述需要包含的信息时，审计师需要考虑信息对预期使用者的决策相关性，并将事项联系到被审计单位的特定情况，也可以提及审计师将某一事项确定为重要审计事项之一时的主要考虑。原则上讲，事项描述应该能够使得预期使用者理解关键审计事项为何重要以及审计师将其确定为关键审计事项的依据。具体披露中，审计师对于关键审计事项的描述各不相同。

如表4-12所示，除607项关键审计事项仅采用文字进行描述外，大多数关键审计事项以文字与数字相结合的方式进行描述。其中，4 048项关键审计事项的披露涉及相关报表项目绝对金额，有2 771项关键审计事项在披露绝对金额的同时，还将涉及的金额进行横向或者纵向比较，披露相对金额，如与上期、同行业进行比较，披露增长率、毛利率等，或者列示关键审计事项涉及的报表项目金额占资产总额、收入总额、利润总额的比重等。

表4-12 **关键审计事项中的事项描述情况统计**

事项描述包含的信息内容	全样本		“四大”样本		非“四大”样本	
	数量（项）	占比（%）	数量（项）	占比（%）	数量（项）	占比（%）
1.披露事项金额及影响	7 426	100	636	100	6 790	100
其中：仅描述文字，未披露金额	607	8.17	138	21.70	469	6.91
文字描述加绝对金额	4 048	54.52	358	56.29	3 690	54.34
文字描述加绝对、相对金额	2 771	37.31	140	22.01	2 631	38.75
2.披露审计师判断依据	7 399	99.64	635	99.84	6 764	99.62
3.明确到具体认定	301	4.05	10	1.57	291	4.29

按事务所分类统计后发现：“四大”与非“四大”样本中，均有一半左右的关键审计事项为文字描述与绝对金额相结合，但“四大”样本中未披露金额和同时披露绝对金额与相对金额的关键审计事项数量接近，分别占比21.70%和22.01%；而非“四大”样本中未披露金额的关键审计事项占比仅6.91%，同时披露绝对金额与相对金额的关键审计事

项占比38.75%。相比之下，非“四大”对关键审计事项的金额及影响的描述更加详细，提供的信息更加精确。可能的原因是，国际“四大”面临的声誉损失和诉讼风险更高。

根据准则规定，审计师确定的关键审计事项应该是：①重大错报风险较高的领域；②涉及重大判断和估计的领域；③本期重大交易和事项。统计中发现仅27项关键审计事项未明确指出审计师的判断依据，剩下7 399项关键审计事项的确认依据均严格来自以上三项确认标准中的一条或两条。审计师对于关键审计事项判断依据的描述相对一致：重大错报风险较高的领域主要包括收入确认事项、关联交易事项等；涉及重大判断和估计的领域主要包括资产减值事项、公允价值计量事项、合并报表事项等；本期重大交易和事项主要有股权投资事项、政府补助事项等。

此外，审计师在少数（301项）关键审计事项的描述中提到关注的具体认定，如“我们重点关注收入的截止性……”。统计发现，收入的真实性与截止性、关联交易的完整性以及存货存在和计价涉及得最多。披露关键审计事项的具体认定，一方面有助于聚焦审计师关注的重点，突出关键审计事项的“关键”所在；另一方面，“认定”属于专业术语，可能导致非职业投资者无法正确理解其含义，从而提升关键审计事项的解读难度。

（4）审计应对

关键审计事项准则及应用指南规定，审计师可以从以下方面对审计应对部分进行披露：一是在当期实施的审计程序中，与关键审计事项最为相关或者对财务报表高风险领域最具针对性的方面；二是简要阐述实施的审计应对程序；三是审计师所实施的相关审计程序的结果；四是审计师对关键审计事项的主要看法。据此，将审计应对从审计程序和审计结果与主要看法两大方面进行统计，表4-13统计结果显示：审计师针对5 976项（占全样本比例80.47%）关键审计事项实施了控制测试，1 450项（占全样本比例19.53%）关键审计事项全部依赖实质性程序获得审计证据。

表4-13　　关键审计事项中审计应对程序及审计结果统计

审计应对与审计结果披露内容	全样本		"四大"		非"四大"	
	数量（项）	占比（%）	数量（项）	占比（%）	数量（项）	占比（%）
1.披露审计应对程序	7 426	100	636	100	6 790	100
其中：包含控制测试与实质性程序	5 976	80.47	417	65.57	5 559	81.87
仅包含实质性程序	1 450	19.53	219	34.43	1 231	18.13
审计程序数量高于行业平均	3 616	48.69	225	35.38	3 391	49.94
审计程序数量低于行业平均	3 810	51.31	411	64.62	3 399	50.06
2.披露审计结果及主要看法	1 081	100	168	26.42	913	13.45
其中：积极方式表达	977	90.38	158	24.84	819	12.06
消极方式表达	104	9.62	10	1.58	94	1.39

此外，在阅读关键审计事项的审计应对程序时，发现大多数审计师将了解内控和控制测试置于其他审计程序之前，少数审计师将其列示在后面的程序中。通常情况下，如果审计师打算信赖内部控制，应该先实施控制测试再实施实质性程序。将控制测试列示于其他程序之后，不符合审计程序的实施顺序与实务逻辑。同时，审计程序中列示了函证、监盘、分析程序等专业术语，这可能会降低新审计报告的可读性与可理解性。

从审计程序的数量来看，非"四大"审计师披露的关键审计事项中，审计程序的数量高于、低于行业平均水平的样本各占一半，"四大"样本中有64.62%的审计应对程序的数量低于行业平均水平，相比之下，非"四大"审计程序数量的分布则相对均匀。但这并不一定表明"四大"实施的审计程序更少，因为"四大"的审计师可能仅列示了最为关键的审计程序，非"四大"的审计师列示了更多的审计应对程序。

关键审计事项准则并未强制要求披露审计结果，但审计师对1 081项关键审计事项披露了已实施审计程序的结果及主要看法。统计发现，审计结果存在两种不同的表述：一种是以积极的方式进行表达，如"根据实施的审计程序，我们认为……的披露是恰当的”“根据所获得的证据，我们认为……是可接受的”或者“基于所实施的审计程序，……可以被我们获得的证据所支持”。另一种是以消极的方式进行表达，如“基于所实施的审计程序，我们未发现……相关的重大不符事项”“基于我们已执行的上述审计程序，我们没有发现……存在异常”。统计结果显示，1 081项列示审计结果及主要看法的关键审计事项中，90.38%以积极方式提出，仅9.62%（共104项）以消极方式提出。在104项以消极方式提出的审计结果中，“四大”披露了10项，非“四大”披露了94项。两种不同类型的表达方式，是否会误导使用者，致使其认为审计师对关键审计事项单独发表了不同的意见，值得关注。

4.1.6 与英国新审计报告准则实施情况的横向对比分析

英国是最早实施审计报告改革的国家，英国财务报告委员会（FRC）2013年发布新修订的审计报告准则——ISA（UK and Ireland）700，要求审计师在2012年10月1日及以后的财务报表审计报告中，描述重大错报风险较高的项目、重要性的应用以及审计范围等信息。其中的重大错报风险项目（以下简称“风险项目”）与我国关键审计事项的定义类似。为了深入了解我国关键审计事项准则的实施情况，选择英国金融时报股票（FTSE 350）在新准则适用第1年披露的153份新审计报告进行统计，并从披露数量、事项类型①两个方面进行对比分析。

（1）披露数量

我国A股上市公司关键审计事项与英国FTSE 350风险项目的披露数量对比情况见表4-14。从全样本统计结果来看，我国A股上市公司披露的关键审计事项最少1项，最多6项，平均2.11项。英国新审计准则实施的第1年，英国FTSE 350公司披露的153份新审计报告中，风险项目数量的最小值为1，最大值为10，均值为4.2。相比之下，我国A股上市公司的关键审计事项披露数量明显偏少。

进一步，区分事务所类型后发现，“四大”在我国每份新审计报告

① 受到数据来源与获取的局限，无法从更多维度进行对比分析，因此，仅从披露数量、事项类型两个方面进行对比分析。

中平均披露2.32项关键审计事项，但在英国每份新审计报告中平均披露了4.2项风险项目。并且德勤、安永、毕马威和普华永道对英国FTSE 350披露的风险项目数量，均高于对我国A股上市公司披露的关键审计事项数量。我国非“四大”会计师事务所平均披露了2.09项关键审计事项，而英国非“四大”会计师事务所披露的风险项目均值为3.8项。可见，“四大”与非“四大”对中国A股上市公司披露的关键审计事项均明显少于英国。

表4-14　　关键审计事项与风险项目的披露数量对比

项目	中国A股上市公司关键审计事项披露数量				英国FTSE 350风险项目披露数量			
	均值	最小值	最大值	样本量	均值	最小值	最大值	样本量
全样本	2.11	1	6	3 522	4.2	1	10	153
国际“四大”	2.32	1	5	274	4.2	1	10	147
其中：德勤	2.06	1	4	71	4.0	2	7	42
安永	2.60	1	4	80	4.1	1	8	21
毕马威	2.60	1	5	38	3.6	1	10	37
普华永道	2.13	1	5	85	4.9	3	9	47
非“四大”	2.09	1	6	3 248	3.8	2	9	6

注：英国FTSE 350风险项目数量来源于FRC（2015）的研究报告。

（2）事项类型

表4-15呈现了我国A股上市公司关键审计事项与英国FTSE 350风险项目在类型分布方面的对比。首先，在事项种类上，与我国A股上市公司的关键审计事项相似，英国公司的风险项目数量也比较丰富，涉及多个领域，但是由于科目与事项分类口径的差异，英国公司的风险项目更加详细和具体。其次，从各事项类型的分布来看，我国出现频率最高的关键审计事项是资产减值（占比46.18%）与收入确认（占比32.02%），累计占比78.20%，其他事项的占比相对较低，都不超过5%。英国FTSE 350出现频率较高的三个风险项目分别是资产减值（13.23%）、税项（10.77%）、商誉减值（10.15%），各自占比大约10%；

收入确认舞弊（7.85%）与不含舞弊的收入确认（7.54%）累计占比大约15%。说明相对于我国高度集中的关键审计事项类型分布，英国公司的风险项目更加分散，分布更加均衡。

表4-15　　**关键审计事项（风险项目）类型分布**

中国A股上市公司（3 522家）			英国FTSE 350（135家）		
关键审计事项类型	数量（项）	占比（%）	风险项目类型	数量（项）	占比（%）
1.资产减值	3 429	46.18	1.资产减值	86	13.23
其中：应收账款减值	1 300	17.51	2.税项	70	10.77
商誉减值	819	11.03	3.商誉减值	66	10.15
存货减值	725	9.77	4.管理层凌驾内控之上	57	8.77
金融资产减值	161	2.17	5.收入确认舞弊	51	7.85
固定资产减值	133	1.79	6.收入确认（不含舞弊）	49	7.54
2.收入确认	2 378	32.02	7.预计负债	41	6.31
3.股权投资（含投资与并购）	351	4.73	8.养老金事项	28	4.31
4.资产确认与折旧摊销	184	2.48	9.并购事项	20	3.08
5.关联交易	139	1.87	10.投资事项	20	3.08
6.合并报表	112	1.51	11.存货价值	20	3.08
7.涉税事项	102	1.37	12.金融工具	18	2.77
8.政府补助	97	1.31	13.债务条款	17	2.62
9.公允价值计量	87	1.17	14.固定资产价值	12	1.85
10.开发支出事项	80	1.08	15.保险	10	1.54
11.成本/费用确认	51	0.69	16.长期合同的会计处理	9	1.38
12.诉讼仲裁	50	0.67	17.重大交易或事项	8	1.23
13.预提事项	31	0.42	18.处置事项	8	1.23
14.职工薪酬	19	0.26	19.资本事项	8	1.23
15.债务重组	14	0.19	20.持续经营	6	0.92
16.信息系统事项	12	0.16	21.应收项目	6	0.92
其他	290	3.91	其他	40	6.15
小计	7 426	100	小计	650	100

4.1.7　A+H股公司关键审计事项准则实施情况的纵向对比分析

我国关键审计事项准则于2017年1月1日起，率先在A+H股公司试点，随后在其他上市公司全面实施。截至2018年，A+H股公司已经分别于2016、2017年的审计报告中披露了关键审计事项。为此，选取A+H股公司样本2016—2017年数据进行纵向对比分析，以了解我国上市公司关键审计事项的披露在不同年份之间的差异。

（1）披露数量

A+H股公司关键审计事项披露数量的纵向对比结果（见表4-16）显示，在A+H股公司率先适用关键审计事项准则的第一年（2016年），关键审计事项披露数量的均值为2.51，最小值为1，最大值为5，标准差为1.02。在A+H股公司披露关键审计事项的第二年（2017年），关键审计事项披露数量的均值为2.55，最小值为1，最大值为5，标准差为1.00。可见，在A+H股上市公司适用关键审计事项准则的前2年，关键审计事项披露数量的均值、最小值、最大值与标准差都非常接近。均值差异T检验结果显示，A+H股公司2016、2017年的关键审计事项披露数量并不存在显著差异，说明关键审计事项的披露数量在不同年份之间差异不大。

表4-16　**A+H股公司关键审计事项披露情况纵向对比**

Pannel A：关键审计事项披露数量对比

披露年份	均值	最小值	最大值	标准差	样本量（项）	均值差异（2016—2017）（T值）
2016年	2.51	1	5	1.02	93	-0.04
2017年	2.55	1	5	1.00	93	(-0.33)

Pannel B：关键审计事项类型对比

项目	上市公司数量（家）	占比（%）
2016、2017年披露的关键审计事项类型相同	39	41.94
2016、2017年披露的关键审计事项类型部分相同	51	54.83
2016、2017年披露的关键审计事项类型完全不同	3	3.23

（2）事项类型

从A+H股公司2016—2017年的关键审计事项类型来看，约41.94%的公司披露了与上年类型完全相同的关键审计事项，约54.83%的公司披露的关键审计事项与上年存在部分差异，仅3.23%的公司披露了与上年完全不同类型的关键审计事项。说明我国上市公司的关键审计事项具有较强的持续性。

4.1.8 我国上市公司关键审计事项披露呈现的特点

整体来看，我国上市公司关键审计事项的披露状况较好，关键审计事项能够在一定程度上反映审计执业过程，有助于提高审计过程透明度，提供增量信息。具体而言，我国上市公司的关键审计事项披露呈现以下特点：

第一，关键审计事项的披露形式以文本为主、表格为辅。我国上市公司的关键审计事项主要以文本和表格两种形式披露，总体来看，采用文本形式披露的关键审计事项更多。但区分事务所类型后，发现“四大”更加青睐表格形式，非“四大”更多采用文本形式。从提供的信息含量来看，无论是文本形式还是表格形式的披露，都能够较好地呈现公司的关键审计事项，但从使用者信息获取的角度来看，相比文字形式的披露，表格形式更加直观，更能帮助使用者一目了然地锁定关键审计事项的具体描述与审计应对信息。

第二，关键审计事项的数量因客户风险而异，但披露数量整体偏少。关键审计事项的披露数量能够体现客户风险，处于高风险行业的金融业、房地产业和建筑业上市公司，以及收到非标准无保留审计意见的公司披露的关键审计事项更多。但我国上市公司平均披露2.11项关键审计事项，少于英国平均水平（4.2项），并且64.14%的审计师仅披露2项关键审计事项，披露数量整体偏少。“四大”在英国市场披露的关键审计事项显著多于中国市场，本土事务所披露的关键审计事项显著少于“四大”。虽然关键审计事项是本期审计中最为核心的事项，不宜过多，但绝大多数公司的关键审计事项不超过3项，可能限制审计报告信息含量的提升。

第三，关键审计事项的类型涉及多个领域，但类型分布高度集中。目前，我国上市公司的关键审计事项涉及资产、负债、收入、费用等多个领域，包含报表层次和认定层次的重大错报风险，事项类型多种多样，有助于从审计师视角提供关于公司层面的差异化信息。但资产减值和收入确认事项占全样本的比例累计高达78.20%，关键审计事项的类型分布过于集中，特别是同行业的上市公司披露的事项类型相似度较高。披露相同的事项类型，有利于提高不同公司之间的信息可比性；但高度集中的类型分布，可能意味着审计师在关键审计事项的确定过程中，并未结合公司具体情况，准确判断、披露特定公司在本期审计中值得高度重视的事项。同时，这也可能是审计报告改革之初，中国资本市场上披露关键审计事项可能产生的经济后果尚不明确的情况下，审计师作出的“从众”选择。在关键审计事项披露数量较少的情况下，事项类型高度集中，将影响关键审计事项准则实施效果，违背审计报告改革的初衷。

第四，关键审计事项的内容要素相对完整，但披露水平参差不齐。从我国上市公司关键审计事项披露情况可以看出，除少数关键审计事项要素不全外，大多数关键审计事项的内容要素比较完整，说明关键审计事项准则的实施效果较好，审计师能够按照准则及其应用指南的要求披露关键审计事项信息。但是，单项关键审计事项的字数标准差高达174.96，信息内容详略不一；并且事项描述的精确性、审计程序的逻辑性以及审计结果的清晰性存在差异，披露水平参差不齐。这说明原则导向的关键审计事项准则，在赋予审计师灵活性的同时，缺乏对文本精确度、可读性等方面的指导与约束。已有研究发现，关键审计事项的具体内容不同，对投资者决策（王艳艳等，2018）和审计师法律责任（Backof等，2014；Kachelmeier等，2014）的影响存在差异，如果新审计报告准则不对关键审计事项的文本特征作出具体规定或指导，可能导致审计师在披露关键审计事项时，考虑自身利益而忽略使用者的信息需求，进而影响准则实施效果。

第五，关键审计事项具有较强的持续性。针对A+H股公司2016—2017年关键审计事项准则实施情况的统计发现，无论是在披露数量，还是在事项类型方面，A+H股公司的关键审计事项均具有较强的持续性。一方面，持续出现相同的关键审计事项，可能意味着某些事项的性质非常重要，无论是本年度还是其他年度都需要审计师予以重点关注。另一方面，如果大多数上市公司的关键审计事项都存在持续性，从长远来看，关键审计事项信息将从个性化的信息演变成同质化的信息，其决策价值将大幅下降。

第六，关键审计事项的披露在“四大”与非“四大”各具特色。从披露形式来看，“四大”更倾向于使用表格，而非“四大”更多地使用文本披露关键审计事项。从披露数量来看，“四大”披露的关键审计事项在数量上显著多于非“四大”，说明“四大”关注并披露的风险领域更多。在信息内容方面，“四大”披露的关键审计事项内容要素更加完整、段落篇幅更长，但非“四大”对关键审计事项的描述更加精确、披露的审计应对程序相对更多。以上结果体现出，关键审计事项准则实施在不同事务所之间存在差异，这可能与事务所的人员培训、风险管理和质量控制等因素有关。

4.2 我国关键审计事项准则实施情况调查

针对我国上市公司关键审计事项披露现状的统计分析，描述了关键审计事项披露形式、事项数量、事项类型、信息内容等基本情况。但是，审计师在应用和执行关键审计事项准则时面临哪些困难和问题？社会公众如何评价关键审计事项信息？尚不清楚。为此，进一步开展问卷调查，以更好地了解关键审计事项准则的实施现状。

4.2.1 问卷设计与数据收集

（1）调查目的

问卷调查的目的在于：一方面，通过调查关键审计事项准则的具体应用情况，了解审计师在准则实施中遇到的困难和问题；另一方面，通过调查信息使用者对关键审计事项披露现状的看法，明确未来的改进方向。

（2）调查对象

问卷调查对象分为两类：一是会计师事务所审计人员，包括审计助理、项目经理、主任会计师、事务所合伙人等；二是审计报告预期使用者，包括企业工作人员、银行等金融机构工作人员、高校教师、大学生等。被调查者具备一定的会计、审计知识，在不同行业从事与会计、审计相关的工作，对关键审计事项准则的实施情况具有一定发言权。

（3）问卷内容设计

调查问卷主要设计了三个方面的内容：一是被调查者的基本信息，包括职业、专业背景等。二是关键审计事项准则的应用情况，主要从准则应用难度、审计师确定关键审计事项的方法及考虑、事务所为准则应用所做的工作等方面展开。三是使用者对关键审计事项的理解与评价，主要从整体层面、具体层面调查使用者对关键审计事项信息的解读及决策价值评估。调查问卷的题型设计分为单选题和多选题，具体问卷设计见附录。

（4）问卷的发放与回收

问卷调查主要采用网络发放的方式进行，本次调查共收回359份问卷，其中，有效问卷303份，无效问卷56份，问卷有效率为84.40%。为了防止无效问卷干扰调查结果，在进行调查结果统计分析时，已将无效问卷剔除。无效问卷包括对关键审计准则完全不了解、答案前后矛盾、答案与其他问卷完全重复等。

在回收的303份有效问卷中，被调查者的构成情况如下：会计师事务所审计人员51人，占比16.83%；企业工作人员86人，占比28.38%；银行等金融机构工作人员38人，占比12.54%；高校教师96人，占比31.68%；大学生32人，占比10.56%。在被调查者中，具有经济管理类专业背景的占比82.51%，其中74.25%具有会计、财务、审计专业背景。可见，本次问卷的被调查者涵盖了关键审计事项准则的执行者与各领域审计报告的预期使用者，调查结果具有一定代表性。

4.2.2 问卷调查结果分析

（1）关键审计事项准则应用情况

本部分的调查涉及准则应用难度、审计师确定关键审计事项的方法及考虑、事务所为准则应用所做的工作三个方面的内容。具体调查结果如下：

①准则应用难度

审计准则是审计师的执业依据，关键审计事项准则指导、规范审计师确定与披露关键审计事项。针对关键审计事项准则应用难度的调查结果（见表4-17）显示：大约33.33%的审计师认为根据现行关键审计事项准则撰写审计报告，难度较大，约60.78%的审计师表示难度一般，仅5.88%的审计师认为难度较小，说明众多审计师在应用和执行关键审计事项准则方面存在困难。

表4-17 **关键审计事项准则应用难度评价**

内容	选项	次数（次）	比例（%）
应用难度整体评价	难度很大	17	33.33
	难度一般	31	60.78
	难度较小	3	5.88
	小计	51	100
具体应用难度	事项影响及判断理由说明	34	66.67[①]
	审计应对程序说明	18	35.29
	事项类型确定	18	35.29
	事项数量确定	7	13.73

进一步结合关键审计事项具体内容，调查审计师披露关键审计事项时面临的主要困难，发现“事项影响及判断理由说明”被勾选的频率最高，达到66.67%，选择“审计应对程序说明”“事项类型确定”的比例相同，各占35.29%，“事项数量确定”被勾选的频率为13.73%。可见，如何在事项描述部分披露关键审计事项的影响，说明审计师确定关键审计事项的依据，是审计师感到最为困惑的部分。如何阐述针对关键审计事项实施的应对程序，如何确定关键审计事项类型，也是审计师在披露关键审计事项时遇到的难题。相比之下，关键审计事项数量的确定难度较小。

上述结果表明，原则导向的关键审计事项准则在赋予审计师灵活性的同时，提高了新审计报告撰写难度。由于我国现行关键审计事项准则在事项确定、类型选择、内容表述等方面的规定比较模糊，审计师在披露关键审计事项时倍感困惑。

① 具体应用难度的调查为多选题，比例由“每个选项的勾选次数”除以“总调查人数”得到，即66.67%由34÷51×100%计算而来，下同。

②审计师确定关键审计事项的方法及考虑

调查审计师确定关键审计事项的方法及披露关键审计事项时的主要考虑，有助于深入了解审计师解决准则应用困难的主要途径，发现关键审计事项准则执行中出现的问题。为此，分别结合关键审计事项披露数量、事项类型、信息内容以及披露时考虑的主要风险设计问题进行调查。

首先，针对“审计师如何确定关键审计事项披露数量”的调查结果（见表4-18）显示：45.10%的审计师跟随主流，披露“接近平均数量”的关键审计事项，21.57%的审计师选择披露“低于平均数量”的关键审计事项，1.96%的审计师披露“高于平均数量”的关键审计事项。其余31.37%的审计师不受平均披露数量的影响，选择“自行判断”。这说明在确定关键审计事项数量时，结合被审计单位自身情况判断的审计师相对较少，参考平均披露数量的审计师较多，并且几乎所有参考平均披露数量的审计师都非常谨慎，不愿意披露数量过多的关键审计事项。

表4-18 **关键审计事项披露数量的确定**

选项	次数（次）	比例（%）
接近平均数量	23	45.10
低于平均数量	11	21.57
高于平均数量	1	1.96
自行判断，不考虑平均数量	16	31.37
小计	51	100

其次，针对“审计师如何确定关键审计事项披露类型”的调查（见表4-19）发现，大约78.43%的审计师结合“报表项目重要性及其潜在风险”，挑选确定关键审计事项披露类型。根据“同行业其他公司已披露的事项类型”“监管部门提示或者关注的重要风险领域”确定关键审计事项类型的审计师，各占56.86%和52.94%。此外，也有1.96%的审计师会结合“其他因素”确定关键审计事项披露类型。这说明财务报表中的高风险领域是审计师挑选关键审计事项的重要来源，而监管部门的风险提示也为审计师确定关键审计事项指引了方向。另外，不少审计师

在确定关键审计事项披露类型时，会参考同行业其他公司的披露情况。

表4-19 **关键审计事项披露类型的确定**

选项	次数（次）	比例（%）
报表项目重要性及其潜在风险	40	78.43
同行业其他公司已披露的事项类型	29	56.86
监管部门提示或关注的重要风险领域	27	52.94
其他因素	1	1.96

最后，关于“审计师如何确定关键审计事项具体信息内容”的调查（见表4-20）显示：56.86%的审计师在披露关键审计事项时，会参考其他审计师已披露的关键审计事项。区分审计师特征后发现：50%执业年限1年以内的审计师、75%执业年限1~2年的审计师、60%执业年限3~5年的审计师以及53.57%执业年限5年以上的审计师，会参考已披露的审计报告。由此可见，无论执业经验丰富与否，一半以上的审计师均会参考其他审计师披露的关键审计事项，说明在关键审计事项准则执行的过程中，模仿和借鉴的现象普遍存在。

表4-20 **关键审计事项信息内容的确定**

执业年限	参考已披露的审计报告		不参考已披露的审计报告		小计
	次数（次）	比例（%）	次数（次）	比例（%）	次数（次）
1年以内	5	50	5	50	10
1~2年	6	75	2	25	8
3~5年	3	60	2	40	5
5年以上	15	53.57	13	46.43	28
小计	29	56.86	22	43.14	51

针对审计师确定关键审计事项方法的调查结果，说明大多数审计师在确定和披露关键审计事项时，宁可“中规中矩”，不愿意“与众不同”，模仿和借鉴是审计师解决披露困惑的重要途径。进一步调查发现（见表4-21），监管风险与客户解约风险是导致审计师“中规中矩”披露关键审计事项的重要原因。具体而言，25.49%的审计师非常担心因

披露数量过多、类型不当的关键审计事项引起监管部门关注，49.02%的审计师对此“比较担心”，有25.49%的审计师表示不太担心。与此同时，19.61%的审计师非常担心因披露不恰当的关键审计事项而遭受客户解约；47.06%的审计师比较担心客户解约；33.33%的审计师不太担心客户解约。统计结果表明，将近四分之三（74.51%）的审计师在披露关键审计事项时会考虑监管风险，大约三分之二（66.67%）的审计师在披露关键审计事项时，会考虑客户潜在解约风险。监管风险与客户解约风险是导致审计师谨慎披露关键审计事项，相互模仿、相互借鉴的重要原因。

表4-21　**关键审计事项披露中对相关风险的考虑**

风险	非常担心		比较担心		不太担心		小计	
	次数（次）	比例（%）	次数（次）	比例（%）	次数（次）	比例（%）	次数（次）	比例（%）
监管风险	13	25.49	25	49.02	13	25.49	51	100
客户解约风险	10	19.61	24	47.06	17	33.33	51	100

③事务所为准则应用所做的工作

事务所针对关键审计事项准则应用组织学习与培训，可以在一定程度上增进审计师对新准则的理解；开展交流与讨论，有助于解决审计师在披露关键审计事项过程中遇到的困难和问题；而提供指导、监督与复核，有利于控制关键审计事项披露质量。为此，调查事务所在关键审计事项准则应用中所做的工作，具体结果见表4-22。

表4-22　**事务所为准则实施采取的措施**

选项	经常		偶尔		从未		小计	
	次数（次）	比例（%）	次数（次）	比例（%）	次数（次）	比例（%）	次数（次）	比例（%）
组织准则培训、学习	28	54.90	21	41.18	2	3.92	51	100
开展问题交流、讨论	28	54.90	21	41.18	2	3.92	51	100
提供指导、监督与复核	31	60.78	17	33.33	3	5.88	51	100

从事务所组织准则培训情况来看，54.90%的审计师所在的事务所，“经常”组织关键审计事项准则的学习或培训，41.18%的审计师所在的事务所“偶尔”组织关键审计事项准则的学习或培训，仅3.92%的审计师所在的事务所“从未”组织相关学习与培训。可见，虽然大多数事务所组织了关键审计事项准则的学习与培训，但仍有少数审计师无法从事务所内部获取学习准则的机会。

从事务所开展交流和讨论的情况来看，54.90%的审计师所在的事务所“经常”针对关键审计事项披露中出现的问题，进行交流或讨论；41.18%的审计师所在的事务所“偶尔”进行交流或讨论，3.92%的审计师所在的事务所“从未”进行交流或讨论。这意味着当遇到与关键审计事项披露相关的困惑和难题时，仅约一半的审计师能够通过相对频繁的交流或讨论来解决。

从事务所对关键审计事项披露质量的控制来看，60.78%的审计师所在的事务所“经常”对关键审计事项披露进行指导、监督与复核；33.33%的审计师所在的事务所“偶尔”进行指导、监督与复核；“从未”进行指导、监督与复核的事务所占比5.88%。这说明在关键审计事项披露质量的控制方面，近40%的事务所仍有待加强。

以上调查结果说明，一半以上的事务所不仅经常组织准则学习、培训，而且针对关键审计事项披露中出现的问题进行交流与讨论，还对关键审计事项披露提供指导、监督与复核，这为审计师理解和运用关键审计事项准则营造了良好的环境。与此同时，部分事务所在准则学习与培训、问题的交流与讨论以及披露质量控制方面还不够重视，存在改进空间。

（2）使用者对关键审计事项披露的评价和看法

披露关键审计事项的初衷在于提高审计过程透明度，为使用者了解审计师执业过程与被审计单位风险提供决策有用的增量信息。从使用者的角度调查关键审计事项信息的沟通价值十分必要。

①整体评价

关于“在审计报告中增加披露关键审计事项，能否提供决策有用的增量信息”，调查结果（见表4-23）显示：大约78.17%的使用者认为，增加披露关键审计事项能够提供较多增量信息；18.65%的被调查者认为，披露关键审计事项提供的增量信息十分有限；仅3.17%的使用者认为披露关键审计事项几乎不能提供增量信息。可见，大多数使用者认为增加披露关键审计事项有助于改善审计报告沟通价值，这一审计报告改革措施值得肯定。

表4-23　**使用者对披露关键审计事项的看法**

内容	选项	次数（次）	比例（%）
措施评价	能够提供较多增量信息	197	78.17
	提供的增量信息有限	47	18.65
	几乎不能提供增量信息	8	3.17
	小计	252	100
效果评价	非常满意	22	8.73
	比较满意	141	55.95
	不太满意	46	18.25
	没有关注	43	17.06
	小计	252	100

那么，新一轮审计报告改革实施以来，我国上市公司的关键审计事项披露现状是否得到了使用者的认可？换言之，使用者对目前关键审计事项的披露状况是否满意？如表4-23所示，除17.06%的被调查者没有关注关键审计事项信息之外，大约8.73%的使用者对我国上市公司关键审计事项的披露现状非常满意，55.95%的使用者表示比较满意，18.25%的被调查者表示不太满意。整体来看，关键审计事项披露受到使用者的广泛关注，并且关键审计事项准则的实施现状获得了大多数使用者的认可。

②具体看法

关于使用者对关键审计事项披露内容的具体评价与看法，主要从披露形式、事项数量、事项类型、信息内容等方面展开。

第一，使用者对关键审计事项披露形式的评价。表4-24的调查结果显示：58.73%的使用者期望审计师采用表格形式，左侧描述关键审计事项及其影响，右侧披露审计应对程序；13.10%的使用者更倾向于以文本形式分段落描述关键审计事项、影响及审计应对措施；与此同时，28.17%的使用者认为在信息内容相同的情况下，以上两种披露方式都可以接受。这说明以表格方式披露关键审计事项，更容易获得使用者的青睐。

表4-24　使用者对关键审计事项披露形式的看法

选项	次数（次）	比例（%）
表格形式	148	58.73
文本形式	33	13.10
以上二者均可	71	28.17
小计	252	100

第二，使用者对关键审计事项披露数量的看法。如表4-25所示，一半以上（55.16%）的被调查者期望审计师在每份审计报告中披露3~5项关键审计事项，25%的使用者期望关键审计事项的披露数量达到5项以上，而16.67%的使用者则期望审计师仅披露1~2项关键审计事项，剩下3.17%的使用者认为关键审计事项的数量需要结合审计过程与客户具体情况进行判断，只要适度即可。统计结果表明，对于众多使用者而言，关键审计事项应当聚焦于3~5个事项，这意味着我国上市公司目前的关键审计事项披露数量（平均2.11项）有待增加。

表4-25　使用者对关键审计事项披露数量的看法

选项	次数（次）	比例（%）
1~2项	42	16.67
3~5项	139	55.16
5项以上	63	25.00
其他	8	3.17
小计	252	100

第三，使用者对关键审计事项类型的看法。结合我国上市公司关键审计事项披露中存在的事项类型集中、行业特征等现象进行调查，结果如表4-26所示：34.13%的使用者认为关键审计事项类型高度集中于资产减值与收入确认，“非常影响”审计报告的决策价值；56.35%的使用者认为“比较影响”，也有9.52%的被调查者认为“不太影响”，说明绝大多数使用者认为高度集中的事项类型，不利于提高审计报告沟通价值，我国上市公司关键审计事项的披露现状亟待改进。针对“同行业上市公司关键审计事项类型相似”这一现象，17.06%的使用者认为“非常影响”审计报告沟通价值，47.62%的使用者认为“比较影响”，35.32%的被调查者认为“不太影响”。这说明审计师对同行业上市公司披露类型相似的关键审计事项，得到部分使用者的认可，但更多的使用者期望不同上市公司关键审计事项在保持相似性的同时，体现个性化、差异化。

表4-26 **使用者对关键审计事项类型的看法**

选项	非常影响		比较影响		不太影响		小计	
	次数（次）	比例（%）	次数（次）	比例（%）	次数（次）	比例（%）	次数（次）	比例（%）
事项类型高度集中	86	34.13	142	56.35	24	9.52	252	100
同行业上市公司关键审计事项类型相似	43	17.06	120	47.62	89	35.32	252	100

第四，使用者对关键审计事项信息内容的看法。表4-27的调查结果，呈现了使用者对关键审计事项段落篇幅、事项描述、审计应对措施、审计结果、语气语调等方面信息内容的看法。

表4-27 **使用者对关键审计事项具体内容的看法**

内容	选项	次数（次）	比例（%）
1.段落篇幅	不宜太长	218	86.51
	越长越好	11	4.37
	都可以	23	9.13
	小计	252	100

续表

内容	选项	次数（次）	比例（%）
2.事项描述	应当提及	221	87.70
	不应提及	10	3.97
	都可以	21	8.33
	小计	252	100
3.审计应对措施	选择最为核心的程序详细披露	176	69.84
	简要披露实施的全部程序	71	28.17
	其他	5	1.98
	小计	252	100
4.审计结果	是	211	83.73
	否	18	7.14
	都可以	23	9.13
	小计	252	100
5.语气语调	中立语气	188	74.60
	积极语气	52	20.63
	消极语气	3	1.19
	都可以	9	3.57
	小计	252	100

具体而言：A.在段落篇幅方面，86.51%的使用者期望关键审计事项的段落篇幅不宜太长；4.37%的使用者认为，关键审计事项的段落篇幅越长越好；9.13%的使用者表示“都可以”。可以看出，投资者对关键审计事项段落篇幅的看法比较一致，长短适当的关键审计事项文本篇幅，能更好地满足使用者的需求。B.在事项描述方面，87.70%的使用者认为描述关键审计事项时，应当提及金额、比例等数字化信息，3.97%的使用者认为“不应提及”，8.33%的使用者表示“都可以”，说明多数使用者喜欢精确化的信息表达。C.在审计应对措施方面，69.84%的使用者期

望审计师选择关键审计事项最为核心的应对程序，进行详细披露；28.17%的使用者认为审计师应当简要披露实施的全部审计程序；1.98%的使用者表达了其他看法，例如，影响金额较大的事项应当详细披露，其他事项可以简要披露。由此可见，一半以上的使用者期望审计师在披露审计应对措施时，聚焦于关键审计程序。D.在审计结果方面，有83.73%的被调查者期望审计师披露对已实施审计程序的看法或者结果，7.14%的被调查者表达了相反的看法，其余9.13%的使用者表示“都可以”。统计结果说明，虽然我国关键审计事项准则并未强制要求审计师披露审计结果，但大多数使用者期望获知这方面的信息。E.在语气语调方面，有74.60%的使用者期望审计师采用中立的语气，披露审计结果或者发表对已实施审计程序的看法。同时，有20.63%的使用者选择“积极语气”，1.19%的使用者选择“消极语气”，而3.57%的使用者表示“都可以”。不难看出，几乎所有使用者都不喜欢审计师以消极语气披露审计结果，大多数使用者认为审计师应当保持中立。

调查结果说明，使用者对关键审计事项信息内容的看法比较一致，文本内容精简、事项描述精确、应对程序突出、审计结果清晰、语气语调中立的关键审计事项信息，能更好地满足使用者的信息需求。

4.2.3 关键审计事项准则实施情况评价

关键审计事项准则是新一轮审计报告改革的核心内容，旨在通过增加披露关键审计事项，提供关于审计师执业过程与被审计单位风险相关的信息，降低信息差距。通过调查我国关键审计事项准则的具体应用情况以及使用者的看法，主要得出如下结论：

第一，原则导向的关键审计事项准则，增加了审计报告撰写难度。我国现行关键审计事项准则及其应用指南，规定了关键审计事项的具体披露原则，但是缺乏针对披露数量、事项类型、信息内容的细致要求，增加了审计师撰写审计报告时的困惑，导致众多审计师相互模仿、相互借鉴。从长远来看，如果关键审计事项准则不能为审计师确定、披露关键审计事项提出更多具体的指导或者作出更加明确的规定，将很难改变关键审计事项披露现状，甚至有可能导致关键审计事项信息日益模板化，影响审计报告沟通价值。

第二，众多审计师在披露关键审计事项时，表现谨慎，且相互借鉴、模仿。问卷调查结果显示，大多数审计师在确定关键审计事项披露数量、事项类型，甚至信息内容时，都会借鉴和参考已披露的审计报告。结合我国上市公司关键审计事项的披露现状来看，事项数量普遍较少、事项类型高度集中，说明模仿和借鉴导致关键审计事项披露差异化程度不高，这不利于传递更多关于个性化的信息。

第三，监管风险与客户解约风险，是影响审计师披露关键审计事项的重要因素。针对审计师具体披露过程的调查结果显示，我国大多数审计师之所以不敢披露数量过多、类型各异的关键审计事项，一方面是担心引起监管部门注意，另一方面是为了维持客户关系。解决关键审计事项披露中的问题，改善我国上市公司关键审计事项披露现状，需要从以上两个方面采取措施。

第四，在应用关键审计事项准则的过程中，事务所发挥了积极作用。整体来看，为了更好地帮助审计师理解、掌握以及运用关键审计事项准则，不少会计师事务所组织学习和培训，开展相关问题的交流与讨论，提供指导、监督与复核，为提高关键审计事项披露质量发挥了积极作用。但是，不同事务所付出的努力存在差异，部分事务所为准则应用营造了较好的环境，另外一部分事务所为审计师提供的学习与交流机会较少，对关键审计事项披露进行指导、监督与复核的力度不够，在一定程度上影响了关键审计事项准则的实施效果，未来应当在以上方面进行加强。

第五，关键审计事项披露现状较好地满足了使用者的信息需求，但仍有改进空间。使用者视角的调查结果显示，无论是增加披露关键审计事项这一改革措施，还是我国上市公司关键审计事项的披露现状，均已经得到较多使用者的关注和认可，准则整体执行情况较好。但是，对比使用者的信息需求与关键审计事项披露现状，发现二者之间依然存在差距，具体表现为：关键审计事项的披露数量、事项类型低于使用者预期；段落篇幅、事项描述、审计应对措施以及语气语调方面的披露现状，与大多数使用者的需求存在差距等，这为进一步完善我国关键审计事项披露指明了方向。

5 关键审计事项准则实施对审计质量的影响

作为资本市场的重要参与者、审计报告信息的提供者、新审计报告准则的具体执行者，审计师在关键审计事项准则实施前后的行为是否发生变化，值得重点关注。审计质量一直是审计师行为领域的核心话题，基于中国审计报告改革的制度背景，系统分析与实证检验关键审计事项准则实施对审计质量的影响十分必要。

5.1 理论分析与假说发展

审计准则是审计师的执业依据，在规范和指导审计师行为方面发挥着重要作用。新审计准则的实施通常促使审计师提高独立性、谨慎性，进而改善审计质量。DeFond 等（1999）发现，中国1995年颁布的首批独立审计准则实施之后，审计师出具非标准审计意见的概率增加9倍。张圣利（2011）指出，2006年颁布的新审计准则，促使审计师降低对盈余管理的容忍度。陈红和陈玉秀（2013）认为，风险导向审计准则的实施增强了审计师的博弈能力，使审计意见能够通过可信承诺的方式显著压缩可控应计利润，进而提高审计质量。廖冠民和吴溪（2013）的研究结果显示，收入舞弊准则生效后，审计师的执业谨慎性得到提高。李莫愁等（2015）发现，风险导向审计准则的实施，显著增强了审计师对盈余管理风险的敏感性。

作为新审计准则的核心变化，关键审计事项准则的实施，亦有可能对审计师行为产生积极影响，促使审计师提高审计质量。

首先，披露关键审计事项揭开了审计工作的“黑箱”，有助于提高审计师的执业谨慎性，进而改善审计质量。传统审计报告模式下，审计师仅披露审计意见类型，具体审计过程呈现在审计工作底稿中，使用者无法知晓。关键审计事项准则实施之后，审计工作的“黑箱”被打开，审计师不仅需要披露本期审计中的高风险领域，还需要描述审计师确定关键审计事项的依据，阐述针对关键审计事项实施的审计应对程序（IAASB，2015），在提高审计过程透明度的同时，为社会公众评价和监督审计师行为提供了机会，而且关键审计事项披露也是近年来监管部门关注的重点。这种情况下，如果审计师披露的关键审计事项不合理，或者已经重点关注的事项被发现存在重大错报，审计师将面临较高的监管风险与声誉风险。出于降低监管风险与声誉损失的考虑，审计师可能会更加谨慎地执行业务，并在与管理层沟通的过程中更不轻易妥协，保持更高的独立性（Wells Frago，2016），从而推动审计质量提升。

其次，披露关键审计事项增加了审计师面临的法律责任风险，促使审计师提高努力程度和审计质量。根据罪责控制理论，审计失败时，陪审团和利益相关者的负面情感反应会影响他们对审计师疏忽的评价，而这种评价取决于他们感知的审计师对重大错报风险的应对程度。相比标准审计报告，增加披露关键审计事项、描述审计师关注的财务报表高风险领域，更有可能引发使用者的担忧和质疑：为何尽管财务报表中存在高风险领域，但审计师依然能够发表清晰的审计意见呢（Katz，2014）？为何审计师已经重点关注了这些事项，却仍然存在重大错报呢？因此，同样是审计失败，如果发生在关键审计事项准则实施之后，更容易让使用者感知到审计工作存在疏忽，认为审计师当初并未合理设计、有效实施审计程序来应对重大错报风险，从而增强使用者感知的审计师法律责任、提高审计师面临的法律责任风险（Backof等，2014）。为了应对增加的法律责任风险，审计师会投入更多的精力关注高风险领域，实施更加严格的审计程序，保持更高的执业谨慎与职业怀疑，从而提高审计质量（Venkataraman等，2008；Firth等，2012；刘行健和王开田，2014）。

但是，关键审计事项准则实施也可能并不影响审计质量。一方面，关键审计事项准则是对审计报告阶段工作提出的要求，可能并不影响审计师执业过程。也就是说，关键审计事项是审计师在执业过程中重点关注的事项，这些事项可能以往也都有关注，只是未披露在审计报告中。相比关键审计事项准则实施之前，审计师可能只是投入了更多的精力撰写审计报告，而非实施了更加严谨的审计程序、保持了更高的职业怀疑（Reid等，2016），因此，并不能显著影响审计质量。另一方面，相比传统审计报告，关键审计事项准则实施之后，审计师在审计报告中披露了针对财务报表高风险领域的应对措施，这意味着审计师已经关注到了相关风险并采取措施予以控制，进而可能在一定程度上降低使用者感知的审计师法律责任（Kachelmeier等，2014；Brown等，2015；Brasel等，2016；张继勋等，2015）。在法律责任风险降低的情况下，审计师投入额外精力提高审计质量的动力不足。况且，相较于投资者保护较为成熟的国家而言，我国审计师面临的诉讼风险相对较低（刘启亮等，2013），即使披露关键审计事项让使用者感知到审计师存在疏忽，也并不会显著增加审计师的法律责任风险，进而并不能促使审计师更加谨慎执业、提升审计质量。

综上，关键审计事项准则实施可能促使审计师提高审计质量，也可能不对审计质量产生显著影响，因此，将研究的核心问题以零假设的方式提出。

假设5-1：限定其他条件，关键审计事项准则实施对审计质量没有影响。

5.2 研究设计

5.2.1 实证模型与变量定义

为了检验关键审计事项准则实施对审计质量的影响，构建如下研究模型：

$$ABSDA = \beta_0 + \beta_1 POST + \beta_2 TREAT + \beta_3 POST \times TREAT + Controls + \varepsilon$$

模型（5-1）

（1）被解释变量

通常认为，较高的审计质量能够为财务报表提供更高的保证程度，较好地抑制被审计单位的盈余管理行为（DeFond和Zhang，2014），为此，众多学者采用公司盈余管理程度间接评价审计质量（Carcello和Li，2013；Lawrence等，2011；杜兴强，2018）。我国学者黄梅和夏新平（2009）比较了七种常用的盈余管理估计模型在中国资本市场的应用效果，发现采用截面Jones模型、截面修正Jones模型估计的操控性应计利润较为准确，估计效果较优。因此，借鉴已有研究成果，基于截面修正的Jones模型（Dechow等，1995）估计盈余管理，并利用截面Jones模型进行稳健性检验。具体地，首先利用模型（5-2）分年、分行业估计参数α_1、α_2、α_3，然后将其代入模型（5-3）计算操控性应计利润，相关模型如下：

$$\frac{TA_{it}}{A_{it-1}} = \alpha_1\left(\frac{1}{A_{it-1}}\right) + \alpha_2\left(\frac{\Delta REV_{it} - \Delta REC_{it}}{A_{it-1}}\right) + \alpha_3\left(\frac{PPE_{it}}{A_{it-1}}\right) + \varepsilon_{it} \qquad \text{模型（5-2）}$$

$$DA_{it} = \frac{TA_{it}}{A_{it-1}} - [\alpha_1\left(\frac{1}{A_{it-1}}\right) + \alpha_2\left(\frac{\Delta REV_{it} - \Delta REC_{it}}{A_{it-1}}\right) + \alpha_3\left(\frac{PPE_{it}}{A_{it-1}}\right)] \qquad \text{模型（5-3）}$$

其中，TA_{it}为公司i第t年的应计利润总额，等于净利润与公司经营活动现金流量之差，A_{it-1}为公司i第t-1年的总资产；ΔREV_{it}为公司i第t年的营业收入变动总额，ΔREC_{it}为公司i第t年的应收账款变动总额，PPE_{it}为公司i第t年末的固定资产价值，ε_{it}为残差。DA_{it}为操控性应计利润。由于向上、向下的操控性应计利润都代表着盈余管理程度，因此，采用操控性应计利润的绝对值（ABSDA）衡量审计质量，操控性应计利润的绝对值（ABSDA）越小，表示盈余管理程度越低，审计质量越高。

（2）解释变量

变量POST为年份虚拟变量，关键审计事项准则实施之后取1，关键审计事项准则实施之前取0。TREAT为分组虚拟变量，处理组公司取1，控制组公司取0。POST×TREAT为POST与TREAT的交互项，回归系数β_3是关注的重点，它反映相比控制组公司，处理组公司适用关键审计事项准则之后审计质量的变化。根据前文分析，若关键审计事项准则实施之后，审计质量显著提高，则预计β_3显著为负；若关键审计事项准则实施不能显著影响审计质量，预计β_3不显著。

（3）控制变量

为了控制公司特征以及事务所特征的影响，借鉴已有研究成果（张龙平等，2010；姜付秀等，2013；杜兴强，2018），在模型中增加如下控制变量：①公司规模（SIZE），用公司期末资产总额的对数表示；②财务杠杆（LEV），等于负债总额除以资产总额；③盈利能力（ROA），用总资产收益率表示，等于净利润除以总资产；④是否亏损（LOSS），如果发生亏损取1，反之取0；⑤成长性（GROWTH），等于前三年的营业收入平均增长率；⑥账面市值比（BM），用资产的账面价值除以市值表示；⑦经营性现金流量（OCF），等于公司经营活动产生的现金流量占资产总额的比例；⑧产权性质（SOE），若上市公司属于国有企业，则取1，反之用0表示；⑨事务所类型（BIG4），如果上市公司聘请国际“四大”进行审计，则BIG4取1，反之BIG4取0；⑩审计时滞（DELAY），利用上市公司审计报告日与资产负债表日之间的天数间隔并取对数表示。此外，在模型中增加了行业虚拟变量（Industry），用以控制行业因素的影响。

变量定义与说明见表5-1。

表5-1 **变量定义与说明**

变量符号	定义
ABSDA	审计质量，用操纵性应计利润的绝对值表示
POST	关键审计事项准则实施之前取0，关键审计事项准则实施之后取1
TREAT	分组虚拟变量，若为处理组取1，若为对照组取0
SIZE	公司规模，用资产总额的对数表示
LEV	财务杠杆，等于负债总额除以资产总额
ROA	资产收益率，等于净利润与总资产之比
LOSS	是否亏损，如果发生亏损取1；反之，取0
GROWTH	成长性，等于前三年的营业收入平均增长率
BM	账面市值比，等于资产账面价值与市值的比例
OCF	经营性现金流量，等于公司经营活动产生的现金流量占资产总额的比例
SOE	产权性质，若上市公司属于国有企业，则取1；反之，则取0
BIG4	事务所类型，如果上市公司聘请国际“四大”进行审计，则取1；反之，取0
DELAY	审计时滞，等于审计报告日与资产负债表日之间间隔天数的对数
Industry	按上市公司行业分类指引生成虚拟变量，制造业2位，其他行业1位

5.2.2 样本选择与数据来源

由于A+H股公司于2016年率先试点披露关键审计事项，考虑到政策实施前后区间的对称性，本章选取2015—2016年作为研究区间，以全部A股上市公司作为初始研究样本，并实施以下筛选程序：①剔除金融行业样本；②剔除变量缺失的样本；③将率先试点的A+H股公司作为处理组，选择模型（5-1）所有控制变量作为匹配变量，按照1∶2的近邻匹配原则，从其他A股公司中匹配控制组样本[①]。剔除未成功匹配的样本后，最终得到处理组样本120个，控制组样本240

① 采用倾向得分匹配法（Propensity Score Matching，PSM）挑选控制组公司的主要目的在于缓解因A+H股身份伴随的内生性问题。PSM具体过程如下：首先，将“是否A+H股公司”作为被解释变量，以模型（5-1）中的所有控制变量作为协变量，构建logit模型估计倾向得分。然后，按照1∶2的近邻匹配原则，从全部非A+H股公司样本中挑选与处理组公司倾向得分最相近的公司，作为处理组。

个，共360个“公司–年度”样本。为了消除极端异常值对回归结果的影响，对所有连续变量在1%和99%分位上进行缩尾处理。相关财务数据来自国泰安（CSMAR）数据库，关键审计事项的相关数据由作者手工整理得到。

5.3 实证结果分析

5.3.1 描述性统计

表5–2报告了描述性统计结果。操纵性应计利润绝对值（ABSDA）的均值为0.086，中位数为0.049，与杨明增等（2018）的统计结果（均值为0.060，中位数为0.040）相近，这说明我国上市公司存在一定程度的盈余管理行为。公司规模（SIZE）的均值为24.382，标准差为1.360，表明不同样本公司的资产规模存在较大差异。财务杠杆（LEV）的均值为0.563，意味着负债占资产总额的比例平均为56.3%。盈利能力（ROA）的均值为0.024，表明样本公司的总资产收益率平均值为2.4%，均拥有一定盈利能力。虚拟变量（LOSS）的均值为0.103，表示有89.7%的公司处于盈利状态。成长性（GROWTH）的均值为0.120，说明上市公司近三年的营业收入平均增长率为12%。账面市值比（BM）的均值为1.816，标准差为1.237，说明不同公司的资产账面价值与市值之比差异较大。产权性质（SOE）的均值为0.756，意味着国有企业占全样本的比例约75.6%。事务所类型（BIG4）的均值为0.592，表示有59.2%的样本公司聘请国际“四大”进行审计。审计时滞（DELAY）的均值为4.401，意味着审计报告日与资产负债表日之间间隔为81天左右。此外，PSM控制组与处理组公司各控制变量的均值差异均不显著，说明倾向得分匹配效果较好①。

① 为了保证PSM的有效性，在匹配完成后对处理组与控制组样本公司进行均值差异T检验，以确定匹配完成后两组样本在各控制变量方面是否不存在显著差异。根据平衡性假设，如果PSM完成后，处理组与控制组样本不存在显著差异，则匹配效果较好，能够在一定程度上缓解A+H股身份伴随的内生性问题。

表5-2 **变量描述性统计**

变量	样本	样本量（个）	均值	标准差	最小值	中位数	最大值	处理组-控制组均值差异
ABSDA	全样本	360	0.086	0.127	0.001	0.049	0.574	-0.061*** (-4.45)
	处理组	120	0.045	0.043	0.001	0.032	0.264	
	控制组	240	0.106	0.148	0.001	0.063	0.574	
SIZE	全样本	360	24.382	1.360	19.811	24.640	26.000	0.185 (1.22)
	处理组	120	24.505	1.441	19.811	24.939	26.000	
	控制组	240	24.320	1.317	20.375	24.510	26.000	
LEV	全样本	360	0.563	0.183	0.085	0.565	0.923	0.014 (0.66)
	处理组	120	0.572	0.175	0.141	0.611	0.923	
	控制组	240	0.558	0.187	0.085	0.553	0.923	
ROA	全样本	360	0.024	0.051	-0.184	0.026	0.175	-0.004 (-0.73)
	处理组	120	0.022	0.054	-0.184	0.022	0.175	
	控制组	240	0.026	0.049	-0.184	0.026	0.159	
LOSS	全样本	360	0.103	0.304	0	0	1	0.008 (0.25)
	处理组	120	0.108	0.312	0	0	1	
	控制组	240	0.100	0.301	0	0	1	
GROWTH	全样本	360	0.120	0.237	-0.313	0.101	1.534	-0.019 (-0.71)
	处理组	120	0.108	0.207	-0.238	0.074	1.409	
	控制组	240	0.126	0.251	-0.313	0.109	1.534	
BM	全样本	360	1.816	1.237	0.059	1.510	4.355	-0.083 (-0.60)
	处理组	120	1.761	1.251	0.059	1.379	4.355	
	控制组	240	1.844	1.232	0.118	1.681	4.355	
OCF	全样本	360	0.066	0.066	-0.184	0.062	0.255	-0.009 (-1.24)
	处理组	120	0.060	0.059	-0.125	0.050	0.230	
	控制组	240	0.069	0.069	-0.184	0.069	0.255	
SOE	全样本	360	0.756	0.430	0	1	1	0.067 (1.39)
	处理组	120	0.800	0.402	0	1	1	
	控制组	240	0.733	0.443	0	1	1	
BIG4	全样本	360	0.592	0.492	0	1	1	-0.025 (-0.45)
	处理组	120	0.575	0.496	0	1	1	
	控制组	240	0.600	0.491	0	1	1	
DELAY	全样本	360	4.401	0.240	3.497	4.466	4.771	0.039 (1.44)
	处理组	120	4.427	0.106	3.871	4.466	4.575	
	控制组	240	4.388	0.284	3.497	4.454	4.771	

注：括号中的数字为T值。***、**、*分别表示在1%、5%、10%水平上显著。

5.3.2 回归结果分析

表5-3报告了双重差分模型的回归结果。第（1）和（2）列利用全样本回归时，无论是否增加控制变量，交互项POST×TREAT的回归系数均在1%水平上显著为负，说明相比控制组样本，处理组公司在关键审计事项准则实施之后，盈余管理程度显著下降。这意味着关键审计事项准则实施之后，审计师对公司盈余管理的容忍度降低，审计执业过程更加谨慎，审计质量得到显著提高。

表5-3　　关键审计事项准则实施对审计质量的影响

变量	(1)	(2)	(3)	(4)
	ABSDA	ABSDA	DA+	DA-
POST	0.0750***	0.0537***	0.0790***	-0.0004
	(4.02)	(3.97)	(5.20)	(-0.04)
TREAT	-0.0218**	-0.0121	0.0002	0.0094
	(-2.03)	(-0.91)	(0.01)	(0.84)
POST×TREAT	-0.0638***	-0.0614***	-0.0703***	-0.0035
	(-3.03)	(-3.26)	(-3.19)	(-0.25)
SIZE		-0.0077	0.0127	-0.0010
		(-0.88)	(1.33)	(-0.22)
LEV		-0.0511	-0.0704	0.0065
		(-1.10)	(-1.38)	(0.20)
ROA		0.6392***	1.2306***	0.6850***
		(3.00)	(4.14)	(3.05)
LOSS		0.0424	0.0452*	-0.0027
		(1.25)	(1.70)	(-0.09)
GROWTH		-0.0195	-0.0296	-0.0130
		(-0.87)	(-1.18)	(-0.40)

续表

变量	(1)	(2)	(3)	(4)
	ABSDA	ABSDA	DA+	DA-
BM		0.0441***	0.0498***	0.0222***
		(4.02)	(5.35)	(3.21)
OCF		0.0519	-0.6631***	-0.8450***
		(0.35)	(-3.48)	(-10.69)
SOE		-0.0227	-0.0805***	-0.0151
		(-1.41)	(-4.66)	(-1.25)
BIG4		-0.0316**	-0.0417**	-0.0020
		(-2.11)	(-2.56)	(-0.23)
DELAY		-0.0766**	-0.0565	0.0354
		(-2.01)	(-1.33)	(1.63)
Constant	0.0199	0.4866***	-0.1127	-0.147
	(0.53)	(3.14)	(-0.62)	(-1.30)
Industry	YES	YES	YES	YES
Observations	360	360	209	151
Adjusted R^2	0.1538	0.3068	0.5432	0.7208

注：括号中的数字为T值。***、**、*分别表示在1%、5%和10%的水平上显著。

区分盈余管理方向后发现：第（3）列正向盈余管理样本中，交互项POST×TREAT的回归系数在1%水平上显著为负；第（4）列负向盈余管理样本中，交互项POST×TREAT的回归系数并不显著。这说明关键审计事项准则实施之后，审计师重点关注了正向盈余管理，并发挥了显著的抑制作用，相比之下，审计师对负向盈余管理的关注程度并未发生显著变化。可能的原因在于，相较于低估盈余、净利润，上市公司虚增盈余、净利润时，审计师面临的法律责任风险更高（Wattz，2003；刘行健和王开田，2014），为了控制潜在风险，审计师保持了更高的执业谨慎性、降低了对向上盈余管理的容忍程度，从而对正向盈余管理发挥更加显著的抑制作用。

从控制变量的回归结果来看，盈利能力（ROA）的回归系数显著为正，说明公司盈利能力越强，盈余管理水平越高，与于忠泊等（2011）的研究结论一致。账面市值比（BM）的回归系数显著为正，说明账面市值比与盈余管理程度显著正相关，与杜兴强（2018）的研究结论一致。事务所类型（BIG4）的回归系数显著为负，说明"四大"审计的公司盈余管理程度更低，与叶康涛等（2015）的研究结论一致。审计时滞（DELAY）的回归系数显著为负，意味着审计师投入的时间越多，越能有效抑制被审计单位的盈余管理行为。

5.3.3 进一步研究

（1）事务所行业专长、关键审计事项准则实施与审计质量

关键审计事项准则的实施，通过影响审计师的执业谨慎性、独立性，进而作用于审计质量。不同事务所在执业谨慎性、独立性的保持方面存在差异。通常认为，行业专长事务所拥有某一行业的专业知识、专有技能，在识别和应对重大错报风险方面具备较强的专业胜任能力。为了利用行业专长赚取更多的"准租金"，行业专长事务所会格外关注潜在的法律责任风险及其对事务所声誉的影响（刘文军等，2010；范经华等，2013）。因此，在关键审计事项准则实施之前，行业专长会计师事务所有动机保持较高的执业谨慎性和独立性，发现并报告被审计单位的重大错报，提供高质量的审计服务。这种情况下，增加披露关键审计事项对审计质量的提升幅度可能相对有限。相比之下，非行业专长的事务所在关键审计事项准则实施之前，面临的声誉风险及损失相对较小，进而保持的执业谨慎性和独立性相对较低，审计质量相对较差。随着关键审计事项准则的实施，在法律责任和社会监督增强的情况下，为了应对潜在风险，非行业专长的事务所更有可能大幅提升执业谨慎性和独立性，进而显著改善审计质量。

为了检验事务所行业专长对关键审计事项准则实施与审计质量之间关系的影响，借鉴蔡春和鲜文铎（2007）的方法定义事务所行业专长，

如果事务所在某一行业的市场份额（IMS）大于或等于10%，则认为事务所具有行业专长；反之，则认为事务所不具有行业专长。其中，行业市场份额（IMS）等于某一事务所在某一行业的客户资产总额除以该行业全部客户的资产总额。然后，按照事务所是否具有行业专长，将样本公司划分为行业专长事务所审计、非行业专长事务所审计两组样本分别进行回归。从表5-4的回归结果可以看出，第（1）列行业专长事务所审计的样本中，交互项POST×TREAT的回归系数不显著，说明关键审计事项准则实施前后，行业专长事务所的审计质量并未发生显著变化；第（2）列非行业专长事务所审计的样本中，交互项POST×TREAT的回归系数在1%水平上显著为负，意味着关键审计事项准则实施之后，非行业专长事务所的审计质量显著提高。回归结果表明，相比行业专长事务所，非行业专长事务所在关键审计事项准则实施之后，审计质量的提升幅度更加显著。

表5-4 **行业专长、客户重要性与关键审计事项准则实施对审计质量的影响**

变量	(1)	(2)	(3)	(4)
	行业专长事务所	非行业专长事务所	非重要客户	重要客户
POST	0.0647***	0.0463***	0.0133	0.0561***
	(2.69)	(3.64)	(0.70)	(2.74)
TREAT	−0.0303*	0.0295*	−0.0425*	0.0243
	(−1.68)	(1.74)	(−1.81)	(1.31)
POST×TREAT	−0.0444	−0.0729***	−0.0052	−0.0920***
	(−1.60)	(−3.21)	(−0.18)	(−3.19)
SIZE	0.0189	−0.0335***	0.0300**	−0.0297**
	(1.15)	(−4.05)	(2.29)	(−2.51)
LEV	0.1430	−0.1008**	−0.0257	−0.0909
	(1.39)	(−2.21)	(−0.34)	(−1.50)
ROA	0.8374*	0.9867***	−0.1891	1.6040***
	(1.71)	(4.81)	(−0.75)	(4.31)
LOSS	0.0802	0.0617**	−0.0145	0.1341***
	(0.96)	(2.07)	(−0.32)	(2.88)

续表

变量	(1)	(2)	(3)	(4)
	行业专长事务所	非行业专长事务所	非重要客户	重要客户
GROWTH	−0.1010**	0.0124	−0.0032	−0.0639*
	(−2.02)	(0.49)	(−0.11)	(−1.75)
BM	−0.0275	0.0758***	−0.0228	0.0873***
	(−1.59)	(7.17)	(−1.63)	(8.85)
OCF	−1.0746***	0.2370**	−0.0190	−0.1277
	(−4.73)	(2.27)	(−0.10)	(−0.59)
SOE	0.0216	0.0185	0.0010	−0.0533**
	(0.74)	(1.03)	(0.05)	(−2.11)
BIG4	−0.0627***	0.0050	−0.0468**	−0.0364
	(−2.70)	(0.35)	(−2.16)	(−1.60)
DELAY	−0.0082	−0.0671**	−0.1130**	0.1119*
	(−0.12)	(−2.43)	(−2.58)	(1.81)
Constant	−0.3343	0.9282***	−0.0460	0.2083
	(−1.30)	(5.65)	(−0.22)	(0.67)
Industry	YES	YES	YES	YES
Observations	138	222	180	180
Adjusted R^2	0.2967	0.5949	0.1149	0.6446

注：括号中的数字为T值。***、**、*分别表示在1%、5%和10%的水平上显著。

(2) 客户重要性、关键审计事项准则实施与审计质量

关键审计事项准则实施对审计质量的影响，可能受到客户重要性的调节。一方面，审计师为了获取重要客户带来的较高“准租”，可能屈从于客户压力（DeAngelo，1981；喻小明等，2008；陆正飞等，2012），在关键审计事项准则实施之前保持较低的独立性。关键审计事项准则实施之后，随着社会监督以及法律责任风险的增加，审计师可能针对重要客户实施更加严格的审计程序，以降低潜在的诉讼风险与损失，进而促使独立性和审计质量显著提高。另一方面，客户重要性与审计质量正相关（Chan和Wu，2009；Reynolds和Francis，2000），即客户越重要，审计师提供的服务质量越高。如果审计师在关键审计事项准则实施之

前，就对重要客户保持较高的独立性，提供高质量的审计服务，那么关键审计事项准则实施之后，审计质量的提升幅度可能不明显。

为此，选用某一客户的审计收费占事务所全部审计收费的比例作为客户重要性的衡量指标，该比例越大，意味着事务所对客户的依赖程度越高，客户越重要。进一步，按照客户重要性的中位数将全样本划分为重要客户、非重要客户两组，分别运用双重差分模型，考察客户重要性对关键审计事项准则实施与审计质量关系的影响。回归结果见表5-4，在第（3）列的非重要客户中，交互项POST×TREAT的回归系数不显著，说明关键审计事项准则实施前后，审计师对非重要客户提供的审计服务质量并未发生显著变化。在第（4）列重要客户中，交互项POST×TREAT的回归系数在1%水平上显著为负，说明关键审计事项准则实施之后，审计师针对重要客户提供的审计服务质量显著改善。回归结果表明，关键审计事项准则实施对审计质量的提升作用，主要存在于重要客户中。

（3）关键审计事项具体类型对审计质量的影响

关键审计事项类型的确定依赖于审计师职业判断，体现审计师在执业过程中重点关注的高风险领域，决定着审计资源的分配与导向。由于各报表项目的重大错报风险及其对报表整体的影响各异，因此，审计师判断的关键审计事项类型不同时，所提供的审计质量可能会存在差别。进一步，利用2016—2017年披露关键审计事项的样本公司数据，构建模型（5-4）检验审计师关注的具体关键审计事项类型对审计质量的影响。

$$ABSDA = \beta_0 + \beta_1 X + Controls + \varepsilon \qquad 模型（5-4）$$

其中，X表示关键审计事项具体类型，回归系数β_1反映审计师关注的关键审计事项具体类型对审计质量的影响。

本书主要选择我国上市公司关键审计事项中出现频率较高的资产减值（ASIMP）、收入确认（REV）、股权投资（EQIN）以及资产确认与折旧摊销（AM）四类事项进行分析。其中，变量ASIMP表示审计师是否将资产减值确认为关键审计事项，若是则取1，反之取0；变量REV表示是否将收入确认作为关键审计事项，若是则取1，反之取0；变量

EQIN 表示是否将股权投资确认为关键审计事项，若是则取1，反之取0；变量AM表示是否将资产确认与折旧摊销（以下简称“折旧摊销”）作为关键审计事项，若是则取1，反之取0。

表5-5呈现了关键审计事项类型对审计质量的影响。第（1）列资产减值事项（ASIMP）的回归系数在10%水平上显著为负；第（2）列收入确认事项（REV）的回归系数为负，但不显著；第（3）列股权投资事项（EQIN）的回归系数不显著；第（4）列折旧摊销事项（AM）的回归系数不显著。第（5）列同时考虑不同事项类型对审计质量的影响，资产减值事项（ASIMP）的回归系数在5%水平上显著为负，收入确认事项（REV）的回归系数在10%水平上显著为负，说明审计师将资产减值、收入确认事项作为本期审计中最为重要的高风险领域进行关注，更能显著抑制公司盈余管理水平，提升审计质量。可能的原因在于，资产减值涉及会计估计，通常用于调节利润，发挥蓄水池功能；收入是利润的重要来源，与管理层业绩挂钩，可能存在为实现特定业绩目标而虚增收入、粉饰报表等舞弊行为，重点关注这些项目，有助于发现相关领域的重大错报风险，降低检查风险与审计风险，提高审计质量。

表5-5　　**关键审计事项类型与审计质量**

变量	(1)	(2)	(3)	(4)	(5)
	资产减值	收入确认	股权投资	折旧摊销	事项类型
ASIMP	-0.0038*				-0.0045**
	(-1.96)				(-2.16)
REV		-0.0034			-0.0052*
		(-1.19)			(-1.70)
EQIN			0.0044		0.0020
			(1.06)		(0.45)
AM				0.0042	0.0019
				(0.69)	(0.31)
SIZE	-0.0031*	-0.0035**	-0.0035**	-0.0035**	-0.0031*
	(-1.90)	(-2.20)	(-2.20)	(-2.17)	(-1.90)
LEV	0.0582***	0.0582***	0.0580***	0.0585***	0.0575***
	(6.35)	(6.35)	(6.31)	(6.37)	(6.27)

续表

变量	(1) 资产减值	(2) 收入确认	(3) 股权投资	(4) 折旧摊销	(5) 事项类型
ROA	0.4549*** (11.40)	0.4676*** (11.73)	0.4639*** (11.69)	0.4636*** (11.68)	0.4603*** (11.51)
LOSS	0.0491*** (7.21)	0.0484*** (7.11)	0.0490*** (7.19)	0.0490*** (7.18)	0.0488*** (7.15)
GROWTH	0.0045** (2.38)	0.0048** (2.51)	0.0046** (2.44)	0.0046** (2.43)	0.0047** (2.46)
BM	-0.0094*** (-3.79)	-0.0092*** (-3.70)	-0.0093*** (-3.73)	-0.0093*** (-3.73)	-0.0094*** (-3.76)
OCF	-0.5251*** (-24.79)	-0.5216*** (-24.66)	-0.5218*** (-24.67)	-0.5225*** (-24.70)	-0.5247*** (-24.76)
SOE	-0.0019 (-0.58)	-0.0015 (-0.46)	-0.0013 (-0.39)	-0.0013 (-0.41)	-0.0022 (-0.69)
BIG4	0.0012 (0.21)	-0.0003 (-0.05)	0.0006 (0.10)	0.0006 (0.10)	0.0001 (0.02)
DELAY	-0.0073 (-1.04)	-0.0077 (-1.09)	-0.0078 (-1.11)	-0.0078 (-1.12)	-0.0069 (-0.98)
Constant	0.1049* (1.86)	0.1118** (1.99)	0.111** (1.98)	0.1103* (1.96)	0.1070* (1.90)
Industry	YES	YES	YES	YES	YES
Year	YES	YES	YES	YES	YES
Observations	2 386	2 386	2 386	2 386	2 386
Adjusted R^2	0.2792	0.2785	0.2784	0.2782	0.2794

注：括号中的数字为T值。***、**、*分别表示在1%、5%和10%的水平上显著。

进一步，将资产减值区分为应收账款减值（ASIMP_rec）、存货减值（ASIMP_inv）、固定资产减值（ASIMP_fa）、无形资产减值（ASIMP_int）以及商誉减值（ASIMP_gw），探究不同资产减值事项对审计质量的影响。变量ASIMP_rec表示是否将应收账款减值确认为关键审计事项，若是取1，反之取0；变量ASIMP_inv表示是否将存货减值确定为关键审计事项，若是取1，反之取0；变量ASIMP_fa表示是否将固定资产减值确认为关键审计事项，若是取1，反之取0；变量ASIMP_int表示是否将无形资产减值确定为关键审计事项，若是取1，反之取0；变量ASIMP_gw表示是否将商誉减值确定为关键审计事项，若是取1，反之取0。

表5-6报告了资产减值事项类型对审计质量产生的影响。第（1）列应收账款减值事项（ASIMP_rec）的回归系数在5%水平上显著为负；第（2）列存货减值事项（ASIMP_inv）的回归系数为负，但不显著；第（3）列固定资产减值事项（ASIMP_fa）的回归系数不显著；第（4）列无形资产减值事项（ASIMP_int）的回归系数不显著；第（5）列商誉减值事项（ASIMP_gw）的回归系数为负，但不显著。第（6）列综合考虑各类资产减值事项后发现，应收账款减值事项（ASIMP_rec）的回归系数依然显著为负，表明审计师将应收账款减值确认为关键审计事项予以重点关注，能够显著提高审计质量。

表5-6 **资产减值事项类型与审计质量**

变量	（1）	（2）	（3）	（4）	（5）	（6）
	应收账款减值	存货减值	固定资产减值	无形资产减值	商誉减值	资产减值
ASIMP_rec	−0.0062**					−0.0065**
	（−2.30）					（−2.38）
ASIMP_inv		−0.0009				−0.0016
		（−0.25）				（−0.42）
ASIMP_fa			0.0005			−0.0006
			（0.10）			（−0.12）
ASIMP_int				0.0118		0.0099
				（0.51）		（0.43）
ASIMP_gw					−0.0024	−0.0032
					（−0.75）	（−1.00）
SIZE	−0.0036**	−0.0035*	−0.0035*	−0.0036**	−0.0033*	−0.0034*
	（−2.01）	（−1.94）	（−1.95）	（−1.96）	（−1.85）	（−1.89）

续表

变量	(1) 应收账款减值	(2) 存货减值	(3) 固定资产减值	(4) 无形资产减值	(5) 商誉减值	(6) 资产减值
LEV	0.0589*** (5.08)	0.0585*** (5.04)	0.0585*** (5.04)	0.0586*** (5.06)	0.0581*** (5.01)	0.0584*** (5.06)
ROA	0.4622*** (6.26)	0.4628*** (6.21)	0.4634*** (6.22)	0.4639*** (6.28)	0.4614*** (6.21)	0.4594*** (6.22)
LOSS	0.0482*** (5.32)	0.0488*** (5.36)	0.0488*** (5.35)	0.0487*** (5.36)	0.0488*** (5.36)	0.0481*** (5.31)
GROWTH	0.0046 (1.43)	0.0046 (1.43)	0.0046 (1.43)	0.0046 (1.43)	0.0045 (1.45)	0.0047 (1.44)
BM	-0.0092*** (-2.91)	-0.0093*** (-2.95)	-0.0093*** (-2.94)	-0.0092*** (-2.92)	-0.0094*** (-2.97)	-0.0093*** (-2.93)
OCF	-0.5261*** (-11.18)	-0.5223*** (-11.12)	-0.5223*** (-11.09)	-0.5227*** (-11.17)	-0.5224*** (-11.12)	-0.5271*** (-11.22)
SOE	-0.0015 (-0.48)	-0.0013 (-0.42)	-0.0013 (-0.43)	-0.0013 (-0.41)	-0.0017 (-0.54)	-0.0019 (-0.61)
BIG4	0.0009 (0.17)	0.0006 (0.11)	0.0006 (0.11)	0.0003 (0.06)	0.0004 (0.08)	0.0005 (0.10)
DELAY	-0.0075 (-1.22)	-0.0078 (-1.26)	-0.0078 (-1.26)	-0.0077 (-1.24)	-0.0074 (-1.20)	-0.0069 (-1.11)
Constant	0.1114** (2.28)	0.1100** (2.25)	0.1102** (2.25)	0.1114** (2.26)	0.1068** (2.19)	0.1076** (2.20)
Industry	YES	YES	YES	YES	YES	YES
Year	YES	YES	YES	YES	YES	YES
Observations	2 386	2 386	2 386	2 386	2 386	2 386
Adjusted R^2	0.2795	0.2781	0.2781	0.2783	0.2782	0.2789

注：括号中的数字为T值。***、**、*分别表示在1%、5%和10%的水平上显著。

5.4 稳健性检验

为了检验结论的可靠性，实施如下稳健性检验：

（1）安慰剂检验

安慰剂检验的基本做法是，通过人为调整政策实施时点，检验双重差分模型的回归结果是否依然成立。如果政策实施时点改变之后，双重差分检验的结果不再成立，意味着处理组与控制组样本之间的差异是由政策实施导致的；如果提前或推后政策实施时点，双重差分模型的回归结果依然成立，即可判定两组样本之间的差异是由政策实施之外的其他原因引起的。按照这一研究思路，将新审计报告准则在A+H股公司率先试点的时间人为提前2年，使得研究样本处于2013—2014年间，以保证所有研究样本均落入政策实际实施之前的年份，随后再执行双重差分检验。回归结果显示，无论是否增加控制变量，交互项POST×TREAT的回归系数不再显著，说明政策实施时点提前之后，已有双重差分检验的结论不再成立，意味着关键审计事项准则的实施，确实是引起处理组与控制组样本审计质量发生变化的主要原因，已有研究结论依然成立。

（2）更换盈余管理计算模型

采用截面Jones模型（夏立军，2002）估计操控性应计利润，重新代入双重差分模型进行回归。具体地，首先利用模型（5-5）分年、分行业估计参数α_1、α_2、α_3，然后将其代入模型（5-6）计算操控性应计利润，相关模型如下：

$$\frac{TA_{it}}{A_{it-1}} = \alpha_1\left(\frac{1}{A_{it-1}}\right) + \alpha_2\left(\frac{\Delta REV_{it}}{A_{it-1}}\right) + \alpha_3\left(\frac{PPE_{it}}{A_{it-1}}\right) + \varepsilon_{it} \qquad \text{模型（5-5）}$$

$$DA2_{it} = \frac{TA_{it}}{A_{it-1}} - [\alpha_1\left(\frac{1}{A_{it-1}}\right) + \alpha_2\left(\frac{\Delta REV_{it}}{A_{it-1}}\right) + \alpha_3\left(\frac{PPE_{it}}{A_{it-1}}\right)] \qquad \text{模型（5-6）}$$

其中，TA_{it}为公司i第t年的应计利润总额，等于净利润与公司经营活动现金流量之差，A_{it-1}为公司i第t-1年的总资产；ΔREV_{it}为公司i第t年营业收入增加额，PPE_{it}为公司i第t年末的固定资产价值，ε_{it}为残差。$DA2_{it}$是按照截面Jones模型计算的操控性应计利润，将其取绝对值即可得到ABSDA2，该指标越小，表示盈余管理程度越低，审计质量越高。将ABSDA2重新代入双重差分模型进行回归，已有研究结论依然成立。

（3）从市场感知的角度衡量审计质量

由于审计质量的决策价值最终通过向资本市场传递决策有用的信息体现出来，因此，众多学者从市场感知的视角衡量审计质量。借鉴Teoh和Wong（1993）、张俊生等（2017）等的研究成果，构建模型（5-7）检验披露关键审计事项对市场感知的审计质量的影响。模型如下：

$$\begin{aligned} CAR = {} & \beta_0 + \beta_1 POST + \beta_2 TREAT + \beta_3 POST \times TREAT + \beta_4 AbsUE \\ & + \beta_5 POST \times AbsUE + \beta_6 TREAT \times AbsUE \\ & + \beta_7 POST \times TREAT \times AbsUE \\ & + Controls + \varepsilon \end{aligned} \qquad \text{模型（5-7）}$$

其中，CAR是按照市场调整模型计算的审计报告日前后［-1，1］、［-2，2］、［-3，3］、［-4，4］、［-5，5］与［-7，7］多个短窗口期内的累计超额收益。变量AbsUE为未预期盈余，等于当期每股盈余减去上期每股盈余的差额再取绝对值。交互项POST×TREAT×AbsUE的回归系数β_7反映关键审计事项准则实施对盈余反应系数（ERC）的净影响。稳健性检验的结果显示：在审计报告公布的短窗口期内，交互项POST×TREAT×AbsUE的回归系数显著为正，说明相比未披露关键审计事项的控制组公司，处理组公司披露关键审计事项之后，市场感知的审计质量显著提高，已有研究结论依然成立。

6 关键审计事项准则实施对审计收费的影响

审计收费是审计领域研究的重要议题。基于审计师行为的视角考察关键审计事项准则实施的经济后果，离不开关键审计事项准则实施对审计收费影响的经验证据。实证检验关键审计事项准则实施对审计收费的影响及作用机制，探究关键审计事项准则实施对审计师行为的影响，能为全方位、多角度评估关键审计事项准则的实施效果提供经验证据。

6.1 理论分析与假说发展

审计收费，亦称审计定价，是事务所与被审计单位就审计服务达成的价格。根据Simunic（1980）的研究模型，审计收费主要包括两个方面：一是审计成本，即审计过程中人力、物力、时间等资源的投入与支出；二是风险溢价，即审计师针对预期诉讼风险与监管风险导致的损失而索取的风险补偿。在竞争性的审计市场环境下，审计师投入的成本越多，审计收费越高；审计师预期的诉讼风险与监管风险带来的潜在损失越大，索取的风险溢价越多，审计收费越高。

实施关键审计事项准则，增加披露关键审计事项，可能通过以下三条路径导致审计收费上涨。第一，披露关键审计事项，提高了审计成本，推动审计收费上涨。我国关键审计事项准则及其应用指南规定：审计师应当在审计报告中增加“关键审计事项段”，从事项描述和审计应对两个方面，披露审计师确定关键审计事项的理由以及实施的主要应对措施（CASB，2016），意味着关键审计事项段是审计报告的新增内容，报告内容的增加可能导致审计师投入更多的时间、精力撰写审计报告。并且不同于传统审计报告标准的模板化披露，关键审计事项是针对被审计单位的个性化披露，需要结合被审计单位具体风险情况以及审计师的风险评估、风险分析与风险应对过程，选取本期审计中重点关注的高风险领域进行披露（PCAOB，2013；IAASB，2015；唐建华，2015），这在一定程度上提高了审计报告的复杂性与撰写难度。加上我国关键审计事项准则属于原则导向型，仅在大方向上对关键审计事项披露作出规定，未对关键审计事项的具体披露提出明确要求，增加了审计师在关键审计事项披露数量确定、事项类型选择以及信息内容撰写等方面的困惑（季丰，2018），从而导致审计师增加精力投入与成本支出，这些支出最终会转嫁给被审计单位，通过审计收费上涨的形式体现出来。

第二，披露关键审计事项，增加了审计师法律责任，导致审计收费提高。根据审计需求的保险假说，审计具有保险价值（Dye，1993），即审计师在财务报表审计业务中扮演着保险人的角色，当发生审计失败时，审计师需要向财务报表的信息使用者支付赔偿。如果面临的法律风险较高，预期保险赔偿概率增加，审计师会向作为投保人的被审计单位收取更高的风险溢价，从而促使审计收费上涨。结合我国审计报告改革的实践来看，关键审计事项准则实施之前，审计师执业过程仅呈现在审计工作底稿中，审计师职业判断、审计程序等内容信息使用者并不清楚；关键审计事项准则实施之后，审计工作的“黑箱”被揭开，审计师执业过程要接受社会公众的监督（唐建华，2015）。此时，一旦发生审计失败，特别是审计师重点关注的关键审计事项被发现存在重大错报，利益相关者更有可能认为审计师当初并未合理设计和有效实施审计程序，审计工作存在疏忽（Backof，2014），进而提高审计师面临的法律责任风险。为了应对增加的法律责任风险与潜在损失，作为保险人的审计师，在关键审计事项准则实施之后，可能会选择提高审计收费标准。

第三，披露关键审计事项，促使审计质量提升，根据“高质量、高定价”原则，审计收费上涨。已有研究发现，增加披露关键审计事项，有助于增加审计师执业谨慎性与独立性，显著提高审计质量（杨明增等，2018）。较高的审计质量通常伴随着更加严格的审计程序、更加充分适当的审计证据、更强的风险敏感性，导致审计成本与风险溢价增加，从而使审计师索取的审计收费更高。因此，披露关键审计事项可能在提高审计质量的同时，引起审计收费增加。

但是，关键审计事项准则实施也可能并不会引起审计收费显著上涨。首先，从我国关键审计事项准则实施的具体情况来看，大多数审计师披露的关键审计事项少于3项，事项类型高度集中于资产减值与收入确认方面（张呈等，2019），语言表述上出现了模板化披露、文本重复度较高等问题（冉明东和徐耀珍，2017），这可能意味着审计师在披露关键审计事项时，并未结合公司具体情况认真披露关键审计事项，只是相互借鉴、相互模仿而已。因此，关键审计事项准则实施，可能不会引起审计成本显著上涨。其次，相比标准模式的审计报告，增加披露关键审计事项不仅不会导致审计师法律责任风险增强，而且有助于降低使用者感知的审计师法律责任（Kachelmeier等，2014；Brown等，2015；Brasel等，2016；张继勋等，2015），因而关键审计事项准则实施，不会导致审计师收取额外的风险溢价。此外，我国审计市场竞争激烈，事务所在与客户议价的过程中处于弱势地位，为了维持客户关系，可能不会轻易涨价。

根据以上分析，关键审计事项准则实施可能导致审计收费显著上涨，也可能并不影响审计收费，为此，将研究的核心问题以零假设的方式提出。

假设6-1：限定其他条件，关键审计事项准则实施对审计收费没有影响。

6.2 研究设计

6.2.1 实证模型与变量定义

为了检验关键审计事项准则实施对审计收费的影响，构建如下研究模型：

$$LnFEE = \beta_0 + \beta_1 POST + \beta_2 TREAT + \beta_3 POST \times TREAT + Controls + \varepsilon$$

模型（6-1）

其中，被解释变量审计收费（LnFEE）用上市公司审计收费的对数表示。变量POST为年份虚拟变量，关键审计事项准则实施之后，POST取1；关键审计事项准则实施之前，POST取0。TREAT为分组虚拟变量，处理组的A+H股公司取1，控制组的其他A股公司取0。POST×TREAT为交互项，相应的回归系数β_3反映关键审计事项披露对审计收费的影响效应，根据前文分析，若关键审计事项准则实施之后，审计收费显著上涨，预期β_3显著为正；若关键审计事项准则实施之后，审计收费不发生显著变化，预期β_3不显著。

考虑到公司特征以及事务所特征对审计收费的影响，借鉴伍利娜（2003）、黄俊和张天舒（2013）以及张立民等（2018）的研究成果，在模型中增加如下控制变量：（1）公司规模（SIZE），用公司期末资产总额取对数表示；（2）财务杠杆（LEV），等于负债总额除以资产总额；（3）盈利能力（ROA），用总资产收益率表示，等于净利润除以总资产；（4）是否亏损（LOSS），如果发生亏损取1，反之，取0；（5）应收账款与存货占资产的比例（RECINV），等于应收账款与存货之和除以资产期末余额；（6）业务复杂程度（SUB），根据子公司数量生成虚拟变量得到，如果子公司数量高于样本中位值，则取1，反之取0；（7）公司成长性（TobinQ），由上市公司的市值除以资产总额计算得到；（8）产权性质（SOE），若上市公司属于国有企业，则取1，反之用0表示；（9）事务所类型（BIG4），如果上市公司聘请国际“四大”进行审计，则BIG4取1，反之BIG4取0；（10）审计时滞（DELAY），利用上市公司审计报告日与资产负债表日之间的间隔天数取对数表示。此外，在模型中增加了行业虚拟变量（Industry），用以控制行业因素的影响。变量定义与说明见表6-1。

表6-1 **变量定义与说明**

变量符号	定义
LnFEE	审计收费，等于上市公司年度财务报表审计收费的对数
POST	关键审计事项准则实施之前取0，关键审计事项准则实施之后取1
TREAT	分组虚拟变量，若为处理组取1，若为控制组取0
SIZE	公司规模，利用上市公司资产总额取对数得到
LEV	财务杠杆，等于负债总额除以资产总额
ROA	总资产收益率，等于净利润与总资产之比
LOSS	是否亏损，如果发生亏损取1，反之，取0
RECINV	应收账款与存货之和占资产总额的比例
SUB	业务复杂程度，若子公司数量高于全样本中位数则取1，反之取0
TobinQ	成长性，等于市值除以总资产
SOE	产权性质，若上市公司属于国有企业，则取1，反之，则取0
BIG4	事务所类型，如果上市公司聘请国际“四大”进行审计，则取1，反之，取0
DELAY	审计时滞，等于审计报告日与资产负债表日之间间隔天数的自然对数
Industry	按上市公司行业分类指引生成虚拟变量，制造业2位，其他行业1位

6.2.2 样本选择与数据来源

由于我国A+H股公司于2016年率先试点披露关键审计事项，考虑到政策实施前后区间的对称性，选取2015—2016年作为研究区间，将全部A股上市公司作为初始样本，并执行如下筛选程序：首先剔除金融行业上市公司样本；然后，以率先试点的A+H股公司作为处理组，采用倾向得分匹配法，选择模型（6-1）中的全部控制变量作为匹配变量，按照1∶2的近邻匹配原则，从其他A股上市公司中匹配控制组。

剔除未成功匹配的样本后，最终得到处理组样本112个、控制组样本224个，共336个“公司-年度”样本。为了消除极端异常值对回归结果的影响，对所有连续变量在1%和99%分位上进行缩尾处理。相关财务数据来自国泰安（CSMAR）数据库，关键审计事项相关的数据由作者手工整理得到。

6.3 实证结果与分析

6.3.1 描述性统计

表6-2报告了描述性统计结果。其中，审计收费（LnFEE）的均值为14.596，最小值为12.899，最大值15.579，标准差为0.793，说明上市公司审计收费之间存在较大差异[①]。公司规模（SIZE）的均值为24.294，中位数为24.510，表明样本公司的规模普遍较大。财务杠杆（LEV）的均值为0.545，表明公司的平均资产负债率约为54.5%。盈利能力（ROA）的均值为0.024，意味着样本公司具备一定的盈利能力。虚拟变量是否亏损（LOSS）的均值为0.104，说明89.6%的公司处于盈利状态。应收账款与存货占总资产的比例（RECINV）的均值为0.184，表示应收账款与存货之和占资产总额的平均比例为18.4%。业务复杂程度（SUB）的均值为0.500，说明样本公司的业务复杂程度存在差异。公司成长性（TobinQ）的均值为1.160，表示市值除以资产总额的平均值为1.160。企业产权性质（SOE）的均值为0.810，说明81%的样本为国有企业。事务所类型（BIG4）的均值等于0.560，表示56%的公司聘请“四大”进行审计。审计时滞（DELAY）的均值为4.439，表明样本公司审计报告日与资产负债表日之间的平均间隔大约为84天。此外，PSM控制组与处理组的均值差异T检验表明，两组样本在控制变量上不存在显著差异，说明匹配效果较好。

① 样本公司的原始审计收费均值为218.25万元，最小值为39.99万元，中位数为235.02万元，最大值为583.28万元。

表6-2　　变量描述性统计

变量	样本	样本量（个）	均值	标准差	最小值	中位数	最大值	处理组-控制组均值差异
LnFEE	全样本	336	14.596	0.793	12.899	14.670	15.579	0.234**
	处理组	112	14.752	0.755	12.948	14.773	15.579	(2.57)
	控制组	224	14.518	0.802	12.899	14.601	15.579	
SIZE	全样本	336	24.294	1.340	20.598	24.510	25.875	0.140
	处理组	112	24.387	1.390	20.600	24.700	25.875	(−0.90)
	控制组	224	24.247	1.315	20.598	24.379	25.875	
LEV	全样本	336	0.545	0.173	0.141	0.555	0.925	0.028
	处理组	112	0.564	0.178	0.141	0.581	0.925	(1.37)
	控制组	224	0.536	0.170	0.141	0.533	0.925	
ROA	全样本	336	0.024	0.044	−0.148	0.026	0.117	−0.005
	处理组	112	0.021	0.052	−0.148	0.022	0.117	(−0.89)
	控制组	224	0.025	0.040	−0.148	0.026	0.117	
LOSS	全样本	336	0.104	0.306	0	0	1	0.018
	处理组	112	0.116	0.322	0	0	1	(0.50)
	控制组	224	0.098	0.298	0	0	1	
RECINV	全样本	336	0.184	0.155	0	0.140	0.631	0.011
	处理组	112	0.191	0.151	0	0.151	0.612	(0.60)
	控制组	224	0.180	0.158	0.002	0.128	0.631	
SUB	全样本	336	0.500	0.501	0	0.500	1	0.094
	处理组	112	0.563	0.498	0	1	1	(1.62)
	控制组	224	0.469	0.500	0	0	1	
TobinQ	全样本	336	1.160	1.284	0.193	0.807	8.669	0.060
	处理组	112	1.200	1.362	0.195	0.905	8.669	(0.40)
	控制组	224	1.140	1.246	0.193	0.770	8.669	
SOE	全样本	336	0.810	0.393	0	1	1	−0.022
	处理组	112	0.795	0.406	0	1	1	(−0.49)
	控制组	224	0.817	0.388	0	1	1	
BIG4	全样本	336	0.560	0.497	0	1	1	−0.022
	处理组	112	0.545	0.500	0	1	1	(−0.39)
	控制组	224	0.567	0.497	0	1	1	
DELAY	全样本	336	4.439	0.243	3.526	4.477	4.771	−0.020
	处理组	112	4.426	0.108	3.871	4.466	4.500	(−0.71)
	控制组	224	4.446	0.288	3.526	4.477	4.771	

注：括号中的数值为T值。***、**、*分别表示在1%、5%、10%的水平上显著。

6.3.2 回归结果分析

表6-3报告了实施关键审计事项准则对审计收费影响的回归结果。第（1）列不引入控制变量时，交互项POST×TREAT的回归系数在5%水平上显著。第（2）列引入控制变量之后，交互项POST×TREAT的回归系数依然在5%水平上显著。回归结果表明，相比未实施关键审计事项准则的控制组公司，处理组公司率先实施关键审计事项准则之后，审计收费显著上涨。

表6-3 **关键审计事项准则实施对审计收费的影响**

变量	(1)	(2)
	LnFEE	LnFEE
POST	−0.2550*	−0.1356**
	(−1.65)	(−2.04)
TREAT	0.0391	0.0956
	(0.23)	(1.12)
POST×TREAT	0.3254**	0.1646**
	(2.08)	(2.06)
SIZE		0.3679***
		(7.00)
LEV		0.0462
		(0.16)
ROA		−1.7250
		(−1.29)
LOSS		−0.1117
		(−0.65)
RECINV		−0.6422*
		(−1.93)

续表

变量	(1)	(2)
	LnFEE	LnFEE
SUB		0.2307***
		(2.75)
TobinQ		0.0515**
		(2.02)
SOE		-0.0795
		(-0.70)
BIG4		0.4564***
		(4.90)
DELAY		0.0174
		(0.16)
Constant	14.7809***	5.9469***
	(88.35)	(4.66)
Industry	YES	YES
Observations	336	336
Adjusted R^2	0.1458	0.7188

注：括号中的数字为T值。***、**、*分别表示在1%、5%和10%的水平上显著。

从控制变量的回归结果来看，公司规模（SIZE）的回归系数在1%水平上显著，表明公司规模越大，审计收费越高。一方面，公司规模越大，涉及的经济业务与会计事项越复杂，需要投入的审计资源越多，进而审计成本更高（伍利娜，2003）。另一方面，大规模的被审计单位面临的经营风险、控制风险更高，审计师可能索取较高的审计溢价，这与张继勋等（2005）、张天舒和黄俊（2013）的研究结论一致。应收账款与存货之和占资产总额比例（RECINV）的回归系数在10%水平上显著为负，与张立民等（2018）的研究结论一致。业务复杂程度（SUB）的回归系数在1%水平上显著为正，说明公司的业务程度越复杂，审计收费越高（伍利娜，2003；朱松和陈关亭，2012）。成长性（TobinQ）的回归系数在5%水平上显著为正，意味着成长性好的公司支付了更高的审计费用。事务所类型（BIG4）的回归系数在1%水平上显著为正，表示国际“四大”的审计收费更高。原因在于，国际“四大”通常具有较高的品牌声誉（漆江娜等，2004）和诉讼风险（Dye，1993），向客户收取了更高的风险溢价。

6.3.3 进一步研究

关键审计事项准则实施对审计收费的影响，在不同情况下可能会存在差异，因此，进一步考虑事务所类型、法律环境对关键审计事项准则实施与审计收费之间关系的调节作用，并从关键审计事项具体披露的角度，考察关键审计事项准则实施情况对审计收费的影响。

（1）事务所类型、关键审计事项准则实施与审计收费

关键审计事项准则实施对审计收费的影响，可能受到事务所类型的调节。作为享誉全球的大规模事务所，“四大”审计师整体业务素质以及专业胜任能力相对较强，无论是关键审计事项的确定，还是审计报告具体内容的撰写，“四大”审计师都能够更加轻松地应对。并且“四大”利用全球网络实现资源共享，在其他国家和地区新审计准则适用过程中积累的经验，能够为中国市场提供有益参考，增加披露关键审计事项可能产生的额外资源与成本投入相对较少。通常认为“四大”的审计质量较高（漆江娜等，2004），为了维持品牌声誉，降低潜在损失，在关键审计事项准则实施之前，“四大”更有可能设计和实施更为严格的审计程序、收取额外风险溢价，在保持较高审计质量的同时索取更高审计收费，导致关键审计事项准则实施对“四大”审计投入、审计收费边际影响相对较小。因此，预期关键审计事项准则实施对审计收费的影响，主要体现在非“四大”中。

为了检验事务所类型对关键审计事项准则实施与审计收费的调节作用，将全样本划分为“四大”审计和非“四大”审计两组，分别利用双重差分模型进行回归。表6-4第（1）列“四大”审计的样本中，交互项POST×TREAT的回归系数不显著，说明“四大”在关键审计事项准

则实施前后，审计收费并未发生显著变化。第（2）列非“四大”审计的样本中，交互项POST×TREAT的回归系数在5%水平上显著为正，意味着关键审计事项准则实施之后，非“四大”的审计收费显著提高。回归结果表明，事务所类型是影响关键审计事项准则实施与审计收费之间关系的重要因素，相比“四大”会计师事务所，非“四大”会计师事务所在关键审计事项准则实施之后，审计收费的上涨更加显著。

表6-4　**事务所类型、法律环境与关键审计事项准则实施对审计收费的影响**

变量	（1）	（2）	（3）	（4）
	“四大”	非“四大”	法律环境差	法律环境好
POST	-0.0793	-0.2195**	-0.2016**	-0.0887
	(-0.93)	(-2.03)	(-2.27)	(-0.90)
TREAT	0.2088**	-0.0266	0.1178	-0.0353
	(2.08)	(-0.20)	(1.13)	(-0.25)
POST×TREAT	0.0544	0.3043**	0.1594	0.2236*
	(0.53)	(2.36)	(1.44)	(1.72)
SIZE	0.3130***	0.3644***	0.4490***	0.2700***
	(3.47)	(5.96)	(6.92)	(2.95)
LEV	0.4431	-0.1811	-0.1310	0.2590
	(1.12)	(-0.45)	(-0.35)	(0.60)
ROA	2.1110	-3.7869**	-2.3193	-1.0778
	(1.10)	(-2.12)	(-1.59)	(-0.45)
LOSS	-0.3164	-0.2050	-0.0675	-0.3792
	(-0.73)	(-1.12)	(-0.42)	(-0.91)
RECINV	-1.5268**	-0.2737	-0.9625***	-0.1035
	(-2.63)	(-0.74)	(-3.18)	(-0.12)
SUB	0.2877**	0.2712**	0.2123**	0.2483**
	(2.36)	(2.37)	(2.20)	(2.12)

续表

变量	(1)	(2)	(3)	(4)
	"四大"	非"四大"	法律环境差	法律环境好
TobinQ	-0.0610	0.0333	0.0816***	0.0011
	(-0.66)	(1.30)	(2.65)	(0.03)
SOE	0.2574	-0.2417**	-0.0806	0.0418
	(1.37)	(-2.47)	(-0.71)	(0.17)
BIG4			0.4701***	0.4760***
			(4.30)	(2.97)
DELAY	0.0720	-0.1811	-0.0566	0.0263
	(0.39)	(-1.11)	(-0.36)	(0.11)
Constant	7.1906***	7.4644***	3.9646***	7.9362***
	(3.08)	(5.66)	(2.75)	(3.81)
Industry	YES	YES	YES	YES
Observations	188	148	168	168
Adjusted R^2	0.6452	0.5627	0.7976	0.6174

注：括号中的数字为T值。***、**、*分别表示在1%、5%和10%的水平上显著。

（2）法律环境、关键审计事项准则实施与审计收费

已有研究发现，诉讼风险与法律环境密切相关（Beatty，1993；Craswell，1999；刘峰和许菲，2002；陈小林和潘克勤，2007），一个国家或地区法律环境越好，审计师被起诉的概率越高、被惩罚的力度越大，进而诉讼风险越高。由于增加披露关键审计事项，可能通过改变审计师法律责任风险影响审计收费，因此，不同法律环境下，关键审计事项准则实施对审计收费的影响可能存在差异。具体而言，在法律制度相对完善的地区，投资者的维权意识较强、执法力度较大，审计师面临的诉讼风险以及潜在的赔偿金额相对较高，进而披露关键审计事项更有可能显著影响审计师法律责任，并促使审计收费上涨。在法律制度环境相对较差的地区，投资者法律意识相对淡薄，执法力度相对较弱，审计师

被起诉的概率以及预计的诉讼损失相对较低，这种情况下，增加披露关键审计事项，对审计师法律责任的影响可能并不明显，审计风险溢价不会显著增加。因此，预期关键审计事项准则实施对审计收费的影响，在法律环境较好情况下更加显著。

为了检验不同法律环境下，关键审计事项准则实施对审计收费的影响是否存在差异，按照上市公司所在省份法律制度环境指数（王小鲁等，2017）的中位数，将全样本划分为法律环境好、法律环境差两组，分别利用双重差分模型进行回归。表6-4第（3）列在法律环境较差的地区，交互项POST×TREAT的回归系数不显著，说明关键审计事项准则实施之后，审计师在法律环境较差地区的收费并未发生显著变化。第（4）列在法律环境较好的地区，交互项POST×TREAT的回归系数在10%水平上显著为正，即关键审计事项准则实施之后，审计师在法律环境较好地区的审计收费显著上涨。这表明关键审计事项准则实施对审计收费的影响受到法律环境的调节，相比法律环境较差的地区，公司所处地区法律环境较好时，关键审计事项准则实施对审计收费的影响更加显著。

（3）关键审计事项具体披露对审计收费的影响

已有研究发现，我国上市公司的关键审计事项在披露数量、文本特征、事项类型等方面存在差异（冉明东和徐耀珍，2017；路军和张金丹，2018；柳木华和董秀琴，2018；张呈等，2019）。为此，利用2016—2017年披露关键审计事项的样本公司数据，构建模型（6-2）检验关键审计事项准则具体实施情况对审计收费的影响。

$$LnFEE = \beta_0 + \beta_1 X + Controls + \varepsilon \quad \text{模型（6-2）}$$

①关键审计事项的披露数量与审计收费

关键审计事项是本期审计中最为重要的事项，主要来源于以下三个方面：重大错报风险较高的事项、涉及重大判断和估计的事项以及重大交易和事项。关键审计事项的披露数量多，意味着审计师在撰写审计报告时投入的时间和精力相对较多，进而可能审计成本更高。并且关键审计事项影响投资者的信息获取路径，审计师披露的关键审计事项越多，越能引导投资者关注企业高风险领域（Sirois等，2017），增加决策中对关键审计事项的依赖，从而提高了审计师面临的法律责任风险（Backof等，2014），导致审计师收取更高的风险溢价。因此，随着关键审计事项披露数量的增加，审计成本与风险溢价可能相应增加，最终引起审计收费上涨。

采用每份审计报告中包含的关键审计事项数量加1取自然对数，衡量关键审计事项披露数量（Num），并代入模型（6-2）进行回归。回归结果见表6-5第（1）列，变量Num的回归系数在1%水平上显著为正，说明关键审计事项的披露数量越多，审计收费越高。

表6-5 关键审计事项具体披露与审计收费

变量	（1）	（2）	（3）	（4）	（5）
	事项数量	段落篇幅	文本复杂性	文本精确度	共同影响
Num	0.1538***				0.1940***
	（3.94）				（2.98）
Length		0.0646***			−0.0199
		（2.79）			（−0.50）
Fog			0.0018**		0.0016*
			（2.17）		（1.86）
Moneytimes				0.0020	−0.0049
				（0.52）	（−1.12）
SIZE	0.3302***	0.3319***	0.3355***	0.3355***	0.3298***
	（32.28）	（32.42）	（33.01）	（32.99）	（27.06）
LEV	0.0617	0.0607	0.0656	0.0683	0.0602
	（1.08）	（1.06）	（1.15）	（1.20）	（1.06）
ROA	−0.3258	−0.3834	−0.4273*	−0.4187*	−0.3372
	（−1.36）	（−1.60）	（−1.79）	（−1.74）	（−1.37）
LOSS	0.0409	0.0367	0.0382	0.0351	0.0451
	（0.94）	（0.84）	（0.87）	（0.80）	（1.06）

续表

变量	(1)	(2)	(3)	(4)	(5)
	事项数量	段落篇幅	文本复杂性	文本精确度	共同影响
RECINV	0.0163	0.0169	0.0260	0.0244	0.0203
	(0.27)	(0.28)	(0.43)	(0.40)	(0.32)
SUB	0.1867***	0.1879***	0.1910***	0.1901***	0.1879***
	(9.87)	(9.92)	(10.09)	(10.03)	(9.96)
TobinQ	0.0380***	0.0383***	0.0384***	0.0386***	0.0377***
	(5.95)	(5.99)	(6.01)	(6.04)	(5.00)
SOE	−0.1480***	−0.1471***	−0.1517***	−0.1520***	−0.1480***
	(−7.58)	(−7.50)	(−7.76)	(−7.77)	(−7.20)
BIG4	0.5593***	0.5487***	0.5585***	0.5501***	0.5679***
	(15.18)	(14.90)	(15.06)	(14.90)	(11.17)
DELAY	0.1686***	0.1690***	0.1680***	0.1708***	0.1666***
	(4.10)	(4.10)	(4.07)	(4.14)	(3.83)
Constant	5.5483***	5.2197***	5.5368***	5.5785***	5.6273***
	(17.65)	(15.31)	(17.54)	(17.68)	(13.62)
Industry	YES	YES	YES	YES	YES
Year	YES	YES	YES	YES	YES
Observations	2 803	2 803	2 803	2 803	2 803
Adjusted R^2	0.5958	0.5947	0.5942	0.5936	0.5961

注：括号中的数字为T值。***、**、*分别表示在1%、5%和10%的水平显著。

②关键审计事项的段落篇幅与审计收费

段落篇幅对审计收费的影响主要体现在两个方面：第一，较长的文本篇幅可能意味着相对详细的信息内容，虽然信息内容的详略并非总能正向影响信息含量，但通常情况下，字数越多、信息含量越大（冉明东和徐耀珍，2017）。也就是说，审计师披露的关键审计事项篇幅越长，提供的关于审计师风险评估、风险应对的信息越多，越有助于投资者了解和评价审计师行为，从而提高审计师面临的法律责任风险。第二，敢于详细披露关键审计事项，通常意味着审计师具有较高的独立性，审计质量较高，与之相应的审计投入可能更多，审计收费理应更高。

为此，采用关键审计事项段的总字数取对数，衡量关键审计事项段落篇幅（Length），代入模型（6-2）进行回归。如表6-5第（2）列所示，变量Length的回归系数在1%水平上显著为正，表明关键审计事项的段落篇幅越长，审计收费越高。

③关键审计事项的文本复杂性与审计收费

关键审计事项的文本复杂性，对投资者准确获取、深入解读被审计单位的风险具有重要影响。相比通俗直白的表达，晦涩难懂的语言提高了投资者获取和解读信息的门槛，大量未经过专业训练的非职业投资者可能无法理解其含义，从而大大降低信息的决策价值（Courtis，1998；孟庆斌等，2017），不利于投资者正确评估被审计单位风险水平。因此，当公司面临较高的经营风险、财务风险时，管理层可能出于掩盖公司困难和问题的主观动机（Lo等，2017；程新生等，2015），串通审计师刻意使用复杂的语言撰写关键审计事项，增加信息阅读难度。换言之，关键审计事项的文本越复杂，审计师与管理层合谋的可能性越大，审计风险越高。此时，审计师可能收取较高的风险溢价来应对潜在风险，进而审计收费更高。

借鉴Li（2008）的研究成果，运用迷雾指数[①]（Fog）反映关键审计事项的文本复杂性，迷雾指数越大，表示文本越复杂；反之，文本可读性越强。表6-5第（3）列呈现了关键审计事项文本复杂性与审计收费的回归结果，变量Fog的回归系数在5%水平上显著为正，说明随着关键审计事项文本复杂性的提高，审计收费显著上涨。

④关键审计事项文本精确度与审计收费

关键审计事项的文本精确度与数字、金额等信息密切相关，相比简单、含糊的文字描述，精确的数字与金额信息可能意味着审计师投入了

① 迷雾指数Fog = 0.4×［（总字数/句子总数）+100×（复杂词数量/总字数）］，其中，关键审计事项段的总字数、总句子以及复杂词的数量利用python结巴分词分解得到，复杂词为超过三个汉字的词语。

更多的精力撰写审计报告。并且文本内容越精确，越有助于使用者直接、准确地感知关键审计事项及其影响，从而促使使用者增进对关键审计事项信息的依赖，并间接提升审计师的法律责任风险，促使审计师索取更高风险溢价。因此，预计关键审计事项文本精确度越高，审计收费越高。

借鉴王艳艳等（2018）的研究成果，利用关键审计事项中金额出现的次数（Moneytimes）作为文本精确度的衡量指标，代入模型中进行检验。表6-5第（4）列的回归结果显示，文本精确度（Moneytimes）的回归系数为正，但不显著，说明文本精确度对审计收费的影响不显著。

进一步，同时考虑关键审计事项的披露数量、段落篇幅以及文本复杂性、精确度对审计收费的影响。如表6-5第（5）列所示，关键审计事项披露数量（Num）的回归系数在1%水平上显著为正；段落篇幅（Length）的回归系数不显著；文本复杂性（Fog）的回归系数在10%水平上显著为正，文本精确度（Moneytimes）的回归系数不显著。这说明关键审计事项的披露数量越多、文本越复杂，审计收费越高。

（4）关键审计事项类型对审计收费的影响

关键审计事项具体类型体现审计资源的投入与分配领域，审计师确定的关键审计事项不同，实施的主要审计程序、面临的审计风险都将存在差异。为此，选择出现频率较高的资产减值（ASIMP）、收入确认（REV）、股权投资（EQIN）以及折旧与摊销（AM）四类事项[①]，检验不同类型关键审计事项对审计收费的影响。

如表6-6所示：第（1）列资产减值事项（ASIMP）的回归系数在1%水平上显著为正；第（2）列收入确认事项（REV）的回归系数为正，但不显著；第（3）列股权投资事项（EQIN）的回归系数为正，但不显著；第（4）列折旧与摊销事项（AM）的回归系数在5%水平上显著为负。第（5）列同时考虑不同事项类型对审计收费的影响，资产减值事项（ASIMP）的回归系数在1%水平上显著为正，收入确认事项

① 相关变量定义同第4章。

（REV）的回归系数在1%水平上显著为正，说明审计师将资产减值、收入确认事项确定为关键审计事项进行关注时，审计收费更高。可能的原因在于：资产减值事项较多地涉及判断与估计；收入确认通常与管理层舞弊、报表业绩粉饰相关，二者均属于审计成本较高、审计风险较大的项目，审计师投入的成本与精力以及收取的风险溢价可能更高，从而审计收费显著上涨。

表6-6 **关键审计事项类型与审计收费**

变量	（1）	（2）	（3）	（4）	（5）
	资产减值	收入确认	股权投资	折旧与摊销	事项类型
ASIMP	0.0502***				0.0621***
	（4.22）				（4.74）
REV		0.0181			0.0510***
		（1.04）			（2.73）
EQIN			0.0237		0.0492
			（0.75）		（1.53）
AM				−0.0738**	−0.0349
				（−2.04）	（−0.94）
SIZE	0.3316***	0.3356***	0.3349***	0.3356***	0.3315***
	（26.94）	（27.47）	（27.36）	（27.45）	（26.95）
LEV	0.0865	0.0698	0.0646	0.0722	0.0867
	（1.51）	（1.22）	（1.13）	（1.27）	（1.52）
ROA	−0.3093	−0.4568*	−0.4197*	−0.4274*	−0.3600
	（−1.25）	（−1.85）	（−1.71）	（−1.74）	（−1.44）
LOSS	0.0276	0.0378	0.0369	0.0319	0.0322
	（0.65）	（0.89）	（0.87）	（0.75）	（0.76）
RECINV	−0.0120	0.0247	0.0338	0.0227	−0.0225
	（−0.19）	（0.40）	（0.54）	（0.36）	（−0.35）

续表

变量	(1)	(2)	(3)	(4)	(5)
	资产减值	收入确认	股权投资	折旧与摊销	事项类型
SUB	0.1834***	0.1901***	0.1893***	0.1867***	0.1797***
	(9.68)	(10.01)	(9.98)	(9.84)	(9.52)
TobinQ	0.0393***	0.0387***	0.0385***	0.0386***	0.0398***
	(5.16)	(5.10)	(5.08)	(5.10)	(5.21)
SOE	-0.1465***	-0.1510***	-0.1519***	-0.1531***	-0.1426***
	(-7.11)	(-7.31)	(-7.37)	(-7.45)	(-6.93)
BIG4	0.5404***	0.5541***	0.5501***	0.5476***	0.5504***
	(10.89)	(11.28)	(11.10)	(11.11)	(11.11)
DELAY	0.1629***	0.1691***	0.1699***	0.1689***	0.1590***
	(3.73)	(3.87)	(3.89)	(3.87)	(3.65)
Constant	5.6607***	5.5850***	5.5995***	5.6031***	5.6411***
	(16.31)	(16.15)	(16.16)	(16.19)	(16.32)
Industry	YES	YES	YES	YES	YES
Year	YES	YES	YES	YES	YES
Observations	2 803	2 803	2 803	2 803	2 803
Adjusted R^2	0.5960	0.5935	0.5934	0.5940	0.5972

注：括号中的数字为T值。***、**、*分别表示在1%、5%和10%的水平显著。

进一步，将资产减值事项（ASIMP）区分为应收账款减值（ASIMP_rec）、存货减值（ASIMP_inv）、固定资产减值（ASIMP_fa）、无形资产减值（ASIMP_int）以及商誉减值（ASIMP_gw）①，探究审计师将不同类型的资产减值事项确定为关键审计事项时，审计收费是否存在差异。

表6-7报告了审计师关注不同类型资产减值事项对审计收费产生的

① 相关变量定义同第4章。

影响。第（1）列应收账款减值事项（ASIMP_rec）的回归系数为正，但不显著。第（2）列存货减值事项（ASIMP_inv）的回归系数为正，但不显著。第（3）列固定资产减值事项（ASIMP_fa）的回归系数在5%水平上显著为正。第（4）列无形资产减值事项（ASIMP_int）的回归系数为正，但不显著。第（5）列商誉减值事项（ASIMP_gw）的回归系数在1%水平上显著为正。第（6）列综合考虑各类资产减值事项后发现，应收账款减值事项（ASIMP_rec）的回归系数在5%水平上显著为正，固定资产减值事项（ASIMP_fa）、商誉减值事项（ASIMP_gw）的回归系数均在1%水平上显著为正，表明将应收账款减值、固定资产减值、商誉减值确认为关键审计事项予以重点关注，会导致审计收费显著上涨。

表6-7 **资产减值事项类型与审计收费**

变量	（1） 应收账款减值	（2） 存货减值	（3） 固定资产减值	（4） 无形资产减值	（5） 商誉减值	（6） 资产减值
ASIMP_rec	0.0241 （1.38）					0.0375** （2.15）
ASIMP_inv		0.0124 （0.63）				0.0285 （1.43）
ASIMP_fa			0.1065** （2.25）			0.1248*** （2.65）
ASIMP_int				0.1116 （0.79）		0.1365 （0.95）
ASIMP_gw					0.0721*** （3.67）	0.0851*** （4.25）
SIZE	0.3354*** （27.39）	0.3348*** （27.24）	0.3339*** （27.35）	0.3344*** （27.29）	0.3335*** （27.17）	0.3304*** （26.71）
LEV	0.0711 （1.25）	0.0702 （1.23）	0.0636 （1.11）	0.0691 （1.21）	0.0847 （1.48）	0.0888 （1.54）

续表

变量	(1) 应收账款减值	(2) 存货减值	(3) 固定资产减值	(4) 无形资产减值	(5) 商誉减值	(6) 资产减值
ROA	-0.4130* (-1.68)	-0.4191* (-1.71)	-0.4054* (-1.65)	-0.4140* (-1.71)	-0.3930 (-1.60)	-0.3169 (-1.29)
LOSS	0.0375 (0.89)	0.0347 (0.82)	0.0330 (0.78)	0.0360 (0.85)	0.0313 (0.74)	0.0282 (0.67)
RECINV	0.0099 (0.16)	0.0218 (0.34)	0.0436 (0.70)	0.0319 (0.51)	0.0334 (0.54)	0.0137 (0.21)
SUB	0.1897*** (9.99)	0.1903*** (10.00)	0.1920*** (10.10)	0.1900*** (10.00)	0.1782*** (9.29)	0.1794*** (9.34)
TobinQ	0.0385*** (5.06)	0.0385*** (5.07)	0.0386*** (5.11)	0.0381*** (5.12)	0.0406*** (5.34)	0.0404*** (5.38)
SOE	-0.1518*** (-7.37)	-0.1526*** (-7.40)	-0.1541*** (-7.48)	-0.1516*** (-7.36)	-0.1407*** (-6.70)	-0.1415*** (-6.76)
BIG4	0.5486*** (11.11)	0.5493*** (11.11)	0.5505*** (11.24)	0.5481*** (11.02)	0.5521*** (11.13)	0.5490*** (11.08)
DELAY	0.1690*** (3.88)	0.1695*** (3.88)	0.1735*** (3.97)	0.1700*** (3.89)	0.1613*** (3.68)	0.1622*** (3.71)
Constant	5.5932*** (16.17)	5.6073*** (16.16)	5.5925*** (16.14)	5.6061*** (16.19)	5.6523*** (16.30)	5.6752*** (16.34)
Industry	YES	YES	YES	YES	YES	YES
Year	YES	YES	YES	YES	YES	YES
Observations	2 803	2 803	2 803	2 803	2 803	2 803
Adjusted R^2	0.5936	0.5934	0.5943	0.5936	0.5953	0.5971

注：括号中的数字为T值。***、**、*分别表示在1%、5%和10%的水平显著。

6.4 稳健性检验

为了检验研究结论的可靠性，实施以下稳健性测试：

（1）安慰剂检验

将A+H股上市公司率先适用关键审计事项准则的时点人为设定为2014年，使得研究区间提前到2013年至2014年，保证全部样本落入政策实施之前的区域，重新运行双重差分模型进行检验。安慰剂检验的结果显示，无论是否增加控制变量，交互项POST×TREAT的回归系数均不显著。说明人为改变政策实施时点之后，双重差分检验结果不再成立，即审计收费的上涨确实由披露关键审计事项导致，已有研究结论依然成立。

（2）考虑通货膨胀对审计收费的影响

不同年份之间的审计收费差异，可能是由于通货膨胀引起的，而与关键审计事项准则的实施无关。因此，将各年的审计收费，分别用国家统计局发布的全年CPI指数进行调整，计算得到LnFEE_CPI，以消除通货膨胀的影响。然后，重新代入双重差分模型中进行回归。回归结果显示，消除通货膨胀的影响后，关键审计事项准则实施对审计收费的正向影响依然成立。

（3）更换控制变量的衡量

①公司规模（SIZE）改用营业收入（SALE）取自然对数表示；②业务复杂程度（SUB）改用子公司数量的平方根（SqSUB）衡量；③公司成长性（TobinQ）更换为公司营业收入增长率（GROWTH）。控制变量更换之后的双重差分检验结果显示：交互项POST×TREAT的回归系数在5%水平上显著为正，意味着相比控制组公司，处理组公司在披露关键审计事项之后，审计收费显著上涨，已有研究结论依然成立。

7 关键审计事项准则实施对投资者决策的影响

关键审计事项准则实施的核心目的在于回应使用者的信息需求，期望通过提高审计报告信息含量，降低审计师与使用者之间的信息差距，改善审计报告沟通价值。作为审计报告的使用者、关键审计事项信息的需求者，投资者如何看待和使用关键审计事项信息，是评价关键审计事项沟通价值与审计报告改革效果需要探讨和解决的重要问题。本章基于投资者决策视角，以盈余价值相关性作为切入点，考察关键审计事项准则实施的经济后果，为评价关键审计事项的信息含量与沟通价值提供经验证据。

7.1 理论分析与假说发展

自从Ball和Brown（1968）发现会计盈余具有价值相关性以来，众多学者围绕盈余价值相关性进行讨论。Ohlson（1995）指出，会计盈余能够正向影响股票价格。Barth等（2008）的研究结果显示：国际会计准则运用之后，会计盈余的价值相关性显著提高。我国学者针对盈余价值相关性也展开了广泛的研究，发现剩余收益与净资产（陈信元等，2002）、公司关联方交易（洪剑峭和方军雄，2005）、社会责任信息（沈洪涛和杨熠，2008）、公司战略差异化程度（叶康涛等，2014）、母公司经营模式（祝继高等，2014），以及董秘财务经历（姜付秀等，2016）、新闻媒体（颜恩点和曾庆生，2018）等，都能显著影响盈余价值相关性。

作为资本市场的重要信息来源，审计报告是审计师披露财务报表鉴证意见的信息载体，对于投资者评估公司会计盈余的决策有用性具有重要作用。那么，在审计报告中增加披露关键审计事项，能否为投资者提供决策有用的增量信息？从信息内容来看，关键审计事项主要包括事项描述与审计应对两个部分，事项描述部分披露审计师确定关键审计事项的理由，审计应对部分阐述审计师实施的主要应对程序。这两部分内容均是站在审计师的角度，针对审计具体过程的披露和说明，是对审计意见的重要补充。相关信息在传统审计报告模式下并未披露，尤其是审计应对程序更无可能从其他渠道获取，说明披露关键审计事项，能够在传统审计报告的基础上提供增量信息。从信息性质来看，关键审计事项信息与被审计单位风险密切相关，体现了审计师执业过程中的风险识别与风险应对，聚焦于本期财务报表审计中的高风险领域。我国新审计报告准则规定，关键审计事项是对本期审计最为重要的事项，主要源于重大错报风险较高、涉及会计估计与会计判断的事项，以及特别风险较高或者本期重大交易和事项。英国审计报告准则虽未明确提出“关键审计事项”这一概念，但要求审计师披露审计中的重要风险项目，说明新一轮审计报告改革的核心内容就是披露风险。由此可见，增加披露关键审计事项，不仅能够为投资者决策提供增量信息，而且提供的是增量风险信息。

关于风险信息披露能否影响投资者风险感知及其决策，主要存在三种不同的观点。异质观认为，风险信息呈现较强的异质性，通过揭示未知风险因素增强投资者的风险感知（Li，2006）；同质观强调，风险信息具有较弱的异质性，通过披露已知风险能够缓解信息不对称，降低投资者的风险感知（Hope等，2014）；无用观则指出风险信息属于模板化的披露，信息含量有限（Schrand和Elliot，1998）。结合风险信息相关理论以及我国新审计报告准则实施的制度背景，本章认为，增加披露关键审计事项可能对盈余价值相关性产生多种影响。

（1）披露关键审计事项可能降低盈余价值相关性。一方面，关键审计事项是针对被审计单位的个性化披露，呈现了与公司风险相关的异质性信息内容，向投资者揭示了以前未知的风险因素，可能增强不同投资者对公司风险的感知偏差（Gilbert和Vaughan，1998），促使处于信息劣势的投资者感知到较高的风险水平以及盈余信息的不确定性，从而降低投资者股票估值决策中对本期会计盈余的依赖。另一方面，已有研究发现，面对浩如烟海的信息，投资者的注意力是有限的（Hirshleifer和Teoh，2003）。相比冗长的财务报表附注，突出、醒目的关键审计事项信息更容易吸引投资者注意，并引导、警示投资者关注财务报表高风险领域（Christensen等，2014），将投资者的部分注意力从会计盈余信息转移到关键审计事项披露的风险信息，进而降低盈余价值相关性。Tysiac（2014）发现，关键审计事项披露的重要会计估计，很可能引发投资者对公司的负面评价；Christensen等（2014）的研究发现，披露关键审计事项会降低决策者的投资意愿；Kachelmeier等（2014）的研究结果表明，披露关键审计事项，导致使用者对财务报表信息的信任程度下降。Sirois等（2014）指出，增加披露关键审计事项，降低了实验者对报表信息的关注。

（2）披露关键审计事项可能提高盈余价值相关性。在审计报告中增加“关键审计事项段”，解释审计师在执业过程中关注的主要风险，说明审计师实施的主要应对措施，有助于丰富审计报告的信息供给，缓解信息不对称，改善投资者对公司已有风险的认识，从而降低投资者感知的公司风险水平，提高对公司未来经营情况预判的一致性，促使投资者对会计盈余信息作出正面评价。并且关键审计事项以审计意见类型为背景，不影响已经发表的审计意见，基于审计意见类型增加披露审计师关注的高风险领域及审计应对措施，在提高审计过程透明度的同时，能够增进社会公众对审计师执业过程的理解，增强投资者对审计结果的认可，进而提高对审计师和财务报表中盈余信息的信赖程度，并最终提高会计盈余的价值相关性。

（3）披露关键审计事项也有可能不会影响盈余价值相关性。首先，作为当期审计中最为重要的事项，与关键审计事项相关的重大错报风险，已被审计师重点关注并采取措施予以应对，说明风险已经得到控制（Brasel等，2016），从而关键审计事项披露的风险可能与审计后的财务报表无关。其次，审计师可能会基于维持客户关系的考虑，迎合管理层需要甚至屈从于管理层压力，在披露关键审计事项时避重就轻，不披露对公司不利的风险因素（PCAOB，2015）。最后，资本市场的信息来源十分广泛，在审计报告披露之前，投资者可能已经从其他渠道知悉了大部分公司风险信息（Lennox等，2018），从而导致关键审计事项信息决策价值有限。

根据以上分析，在审计报告中增加披露关键审计事项，可能降低盈余价值相关性，可能提高盈余价值相关性，也可能不影响盈余价值相关性。因此，将研究的核心问题以零假设的方式提出。

假设7-1：限定其他条件，披露关键审计事项对盈余价值相关性没有影响。

7.2 研究设计

7.2.1 实证模型与变量定义

本章基于盈余价值相关性的视角，探讨披露关键审计事项是否影响投资者决策，而盈余是否具有价值相关性是本章研究的前提。因此，首先利用Ohlson（1995）的价格模型，对盈余价值相关性进行初步检验，具体模型如下：

$$P = \beta_0 + \beta_1 EPS + Controls + \varepsilon \qquad \text{模型（7-1）}$$

其中，变量P为股票价格，考虑到资本市场对盈余信息的解读、吸收需要一定时间，参考Lennox等（2018）的做法，用年报披露后第30个交易日的股票收盘价表示。变量EPS为每股盈余，由净利润除以总股本计算得到。回归系数β_1通常被视作真实盈余反应系数的无偏估计（Kothari和Zimmerman，1995），反映会计盈余在股票定价决策中的作用，根据已有研究成果，预计β_1显著为正。

已有研究大多采用在模型中增加盈余指标与关键变量的交互项，考察关键变量对会计盈余价值相关性的影响。为了进一步检验关键审计事项披露对盈余价值相关性的影响，借鉴Fan和Wong（2002）、王化成和佟岩（2006）以及姜付秀等（2016）学者的研究成果，基于模型（7-1）构建模型（7-2）：

$$P = \beta_0 + \beta_1 EPS + \beta_2 POST + \beta_3 POST \times EPS + \beta_4 TREAT + \beta_5 TREAT \times EPS + \beta_6 POST \times TREAT + \beta_7 POST \times TREAT \times EPS + Controls + \varepsilon$$

模型（7-2）

其中，POST为年份虚拟变量，关键审计事项准则实施之后取1，关键审计事项准则实施之前取0；TREAT为分组虚拟变量，处理组公司取1，控制组公司取0。POST×TREAT×EPS为POST、TREAT与EPS三项交乘，相应的回归系数β_7是关注的重点，它反映相比控制组公司，处理组公司在披露关键审计事项之后盈余价值相关性的变化，体现披露关键审计事项对盈余价值相关性的影响。根据前文分析，若披露关键审计事项显著降低了盈余价值相关性，则预计β_7显著为负；若披露关键审计事项显著提高了盈余价值相关性，则预计β_7显著为正；若披露关键审计事项不影响盈余价值相关性，则预计β_7不显著。

为了控制其他因素对股票价格的影响，借鉴已有研究成果（姜付秀等，2016；郭照蕊和黄俊，2017），在模型中增加如下控制变量：（1）公司规模（SIZE），用期末资产总额取对数衡量；（2）资产负债率（LEV），等于期末负债总额除以资产总额；（3）成长性（GROWTH），用营业收入的年度增长率表示；（4）第一大股东持股比例（TOP1），等于第一大股东持有的股份数除以全部股份数；（5）流通股占比（CURRA），等于年末流通股股本除以总股本；（6）每股净资产（BVPS），等于净资产账面价值除以总股本；（7）产权性质虚拟变量（SOE），若公司为国有企业取1，否则取0；（8）事务所类型（BIG4），若公司聘请国际“四大”进行审计，BIG4取1，否则取0。此外，增加行业虚拟变量（Industry），用以控制行业因素的影响。变量定义与说明见表7-1。

表7-1 **变量定义与说明**

变量符号	变量定义
P	股票价格，用年报公布后第30日的收盘价表示
EPS	会计盈余，用每股盈余表示，等于净利润除以总股本
POST	虚拟变量，2016年取1，2015年取0
TREAT	虚拟变量，处理组取1，控制组取0
SIZE	企业规模，等于总资产的自然对数
LEV	财务杠杆，等于负债占总资产之比
GROWTH	成长性，用营业收入年度增长率衡量
TOP1	第一大股东持股比例，等于第一大股东持有的股数除以总股数
CURRA	流通股占比，等于年末流通股股本除以年末总股本
BVPS	每股净资产，等于净资产账面价值除以总股本
SOE	股权性质，国有企业取1，非国有企业取0
BIG4	事务所类型，聘请国际"四大"进行审计取1，否则取0

7.2.2 样本选择与数据来源

由于A+H股公司于2016年率先试点披露关键审计事项，考虑到政策实施前后区间的对称性，选取2015—2016年作为研究区间，以全部A股上市公司作为初始研究样本，并实施如下筛选程序：（1）剔除金融类上市公司；（2）剔除ST、ST*的上市公司；（3）将率先试点的A+H股公司作为处理组，选择模型（7-2）中的所有控制变量作为匹配变量，按照1∶2的近邻匹配原则，从其他A股上市公司中匹配控制组样本。剔除未成功匹配的样本后，最终得到处理组样本108个，控制组样本216个，共324个"公司-年度"样本。为了消除极端异常值对回归结果的影响，对所有连续变量在1%和99%水平上进行缩尾处理。相关财务数据来自CSMAR数据库，关键审计事项的相关数据由作者手工整理得到。

7.3 实证结果与分析

7.3.1 描述性统计

表7-2报告了变量的描述性统计结果。股价（P）的均值为11.500，标准差为9.247，说明不同公司的股票价格差异性较大。每股盈余（EPS）的均值为0.422，中位数为0.332，表明样本公司均具备一定的盈利能力。公司规模（SIZE）均值为24.433，标准差为1.249，与王艳艳等（2018）的统计结果相近。资产负债率（LEV）的均值为0.559，即样本公司负债占资产总额的平均比例为55.9%，成长性（GROWTH）的均值为0.015，说明样本公司的营业收入较上年平均增长1.5%。第一大股东持股比例（TOP1）的均值为43.308，表示第一大股东持股数占总股数的比例平均值为43.308%。流通股占比（CURRA）、企业性质（SOE）的均值分别是0.709、0.809，表示样本公司非流通股的比例约为29.1%，国有企业占比达80.9%。每股净资产（BVPS）均值为6.369，标准差为3.690，表明不同公司净资产占股本的比例存在较大差异。事务所类型（BIG4）的均值是0.540，意味着54%的公司聘请国际"四大"进行审计。此外，将PSM控制组与处理组样本进行均值差异T检验，结果显示各变量均不存在显著差异，说明匹配效果较好。

表7-2　**描述性统计**

变量	样本	样本量（个）	均值	标准差	最小值	中位数	最大值	均值差异 处理组-控制组
P	全样本	324	11.500	9.247	2.370	9.120	48.030	1.002 (0.92)
	处理组	108	12.168	9.517	2.470	9.220	48.030	
	控制组	216	11.166	9.113	2.370	8.885	47.640	
EPS	全样本	324	0.422	0.637	-1.052	0.332	2.386	0.019 (0.24)
	处理组	108	0.435	0.615	-1.052	0.373	2.009	
	控制组	216	0.416	0.648	-1.052	0.303	2.386	

续表

变量	样本	样本量（个）	均值	标准差	最小值	中位数	最大值	均值差异 处理组-控制组
SIZE	全样本	324	24.433	1.249	21.029	24.750	25.875	0.105 (0.72)
	处理组	108	24.503	1.237	21.029	24.873	25.875	
	控制组	216	24.398	1.257	21.029	24.719	25.875	
LEV	全样本	324	0.559	0.183	0.147	0.565	0.925	0.019 (0.88)
	处理组	108	0.572	0.178	0.147	0.607	0.925	
	控制组	216	0.553	0.186	0.147	0.560	0.925	
GROWTH	全样本	324	0.015	0.201	−0.682	0.043	0.505	−0.020 (−0.86)
	处理组	108	0.002	0.226	−0.682	0.036	0.505	
	控制组	216	0.022	0.187	−0.682	0.044	0.505	
TOP1	全样本	324	43.308	17.231	11.560	41.445	75.840	−2.844 (−1.40)
	处理组	108	41.412	12.903	15.130	40.855	67.290	
	控制组	216	44.256	18.987	11.560	42.955	75.840	
CURRA	全样本	324	0.709	0.237	0.127	0.703	1	−0.032 (−1.14)
	处理组	108	0.687	0.173	0.127	0.715	1	
	控制组	216	0.719	0.263	0.127	0.700	1	
BVPS	全样本	324	6.369	3.690	0.540	5.674	15.081	0.471 (1.09)
	处理组	108	6.683	3.916	0.540	5.701	15.081	
	控制组	216	6.212	3.570	0.540	5.559	15.081	
SOE	全样本	324	0.809	0.394	0	1	1	0.023 (0.50)
	处理组	108	0.824	0.383	0	1	1	
	控制组	216	0.801	0.400	0	1	1	
BIG4	全样本	324	0.540	0.499	0	1	1	0.024 (0.39)
	处理组	108	0.556	0.499	0	1	1	
	控制组	216	0.532	0.500	0	1	1	

注：括号中的数值为T值。***、**、*分别表示统计显著性水平1%、5%和10%。

7.3.2 回归结果分析

表7-3第（1）和（2）列是盈余价值相关性的初步检验，无论是否增加控制变量，EPS的系数均在1%的水平上显著为正，说明盈余具有价值相关性。第（3）和（4）列双重差分模型的回归结果显示：不增加控制变量时，交互项POST×TREAT×EPS的系数在10%水平上显著为负；增加控制变量后，交互项POST×TREAT×EPS的系数在5%水平上显著为负。表明相比控制组公司，处理组公司在关键审计事项准则实施之后，盈余价值相关性显著下降，意味着披露关键审计事项，增强了投资者感知的未来盈余不确定性，促使投资者将部分注意力从盈余信息转移到关键审计事项提供的风险信息，进而降低了盈余价值相关性。

表7-3　**关键审计事项披露对盈余价值相关性的影响**

变 量	（1）	（2）	（3）	（4）
EPS	7.3601***	4.8766***	4.6351***	1.5976
	（10.48）	（4.80）	（4.19）	（1.30）
POST			−2.3057*	−1.9082*
			（−1.89）	（−1.69）
POST×EPS			6.8071***	7.3801***
			（4.33）	（5.21）
TREAT			0.2088	−0.6137
			（0.14）	（−0.44）
TREAT×EPS			0.5815	2.0727
			（0.27）	（1.03）
POST×TREAT			4.0917*	3.6037*
			（1.87）	（1.83）
POST×TREAT×EPS			−6.0011*	−6.4508**
			（−1.94）	（−2.33）

续表

变 量	(1)	(2)	(3)	(4)
SIZE		-2.8021^{***} (-6.33)		-2.9891^{***} (-6.99)
LEV		4.9568^{*} (1.71)		6.0097^{**} (2.14)
GROWTH		-0.0246 (-0.01)		0.4872 (0.22)
TOP1		0.0034 (0.13)		-0.0004 (-0.02)
CURRA		-2.6819 (-1.48)		-3.4583^{*} (-1.95)
BVPS		0.9233^{***} (5.72)		0.8924^{***} (5.70)
SOE		-1.0983 (-0.91)		-1.0733 (-0.92)
BIG4		0.1255 (0.13)		0.5291 (0.58)
Constant	11.9219 (1.55)	73.2003^{***} (6.40)	10.7971 (1.42)	76.5485^{***} (6.92)
Industry	YES	YES	YES	YES
Observations	324	324	324	324
Adjusted R^2	0.3106	0.4412	0.3500	0.4870

注：括号中的数值为T值。***、**、*分别表示统计显著性水平1%、5%和10%。

控制变量的回归结果显示：公司规模（SIZE）的回归系数在1%水平上显著为负，意味着公司规模越大，股票价格越低。原因在于：相比成长空间有限的大公司，投资者更加青睐成长性较强的小公司，并给予了更高的市场估值，这与厉国威等（2010）、郭照蕊和黄俊（2017）的研究结论一致。资产负债率（LEV）的系数在5%水平上显著为正，表明财务杠杆正向影响股票价格，这是因为债务能够发挥税盾作用，适度举债可以提高企业价值（Morck等，1988）。流通股占比（CURRA）的系数在10%水平上显著为负，表明流通股占比越大，公司股票价格越低（孟焰和袁淳，2005）。

7.3.3 进一步研究

（1）信息环境、关键审计事项披露与盈余价值相关性

增加披露关键审计事项的主要目的在于降低信息不对称，提高资本市场运行效率，因此，披露关键审计事项对投资者决策的影响，可能因信息环境的不同而存在差异。具体而言，信息环境较好时，投资者能够获取的信息相对丰富，信息不对称程度较低，关键审计事项提供的增量信息，在披露之前可能已经被投资者从其他渠道知悉（Lennox等，2018），进而决策价值有限。信息环境较差时，投资者的信息收集与解读成本增加（潘越等，2011），信息不对称水平较高，此时披露关键审计事项产生的边际信息效应更加明显。为此，参考已有研究成果（胡丹和冯巧根，2013；吴战篪和李晓龙，2015），分别选用机构投资者持股比例、公司上市年限作为信息环境的衡量指标，考察信息环境对关键审计事项披露与盈余价值相关性之间关系的影响。

①区分机构投资者持股比例

通常认为，机构投资者持股能够降低信息不对称，机构投资者持股比例越高，企业信息环境越好。一方面，相比个体投资者，机构投资者决策更理性、信息渠道更广泛，更有动机和能力获取企业风险信息（孔东民等，2015）；另一方面，机构投资者参与公司治理，能够发挥有效监督作用，促进公司治理水平提升和信息环境改善（王咏梅和王亚平，2011）。因此，机构投资者持股比例较高时，关键审计事项体现的风险信息可能在披露之前，被投资者从其他渠道获知，从而决策价值不明显；反之，机构投资者持股比例较低时，企业信息环境较差、信息不对

称程度较高，关键审计事项提供的增量信息更有可能显著降低信息不对称，并影响投资者决策。

为此，按照机构投资者持股比例的中位数，将全样本划分为机构投资者持股比例低、机构投资者持股比例高两组，分别对双重差分模型进行回归。表7-4第（1）列机构投资者持股比例较高时，交互项POST×TREAT×EPS的回归系数不显著，说明在机构投资者持股比例较高、企业信息环境较好的情况下，关键审计事项传递的增量风险信息，并未显著影响会计盈余在投资者股票定价决策中的作用。第（2）列机构投资者持股比例较低时，交互项POST×TREAT×EPS的回归系数在5%水平上显著为负，说明当机构投资者的持股比例较低、企业信息环境较差时，关键审计事项披露对会计盈余价值相关性的影响显著为负。上述结果说明，与机构投资者持股比例较高的企业相比，机构投资者持股比例较低时，披露关键审计事项更容易增强投资者感知的盈余不确定性，促使投资者将部分注意力转移到关键审计事项上来，进而显著降低会计盈余价值相关性。

②区分上市年限

一般认为，企业上市年限越短，在资本市场上公开的信息越少，投资者可以获取的信息数量相对有限，信息不对称程度越高（胡丹和冯巧根，2013）。这种情况下，增加披露关键审计事项更有助于显著降低信息不对称，提高审计报告沟通价值。反之，上市时间较长的企业，在资本市场上公开披露的历史信息较多，信息不对称程度相对较低，披露关键审计事项对投资者决策的影响可能十分有限。

为此，参考郭照蕊和黄俊（2017）的做法，利用资产负债表日与公司上市日期的天数间隔除以360计算上市年限，并按其中位数将全样本划分为上市年限短、上市年限长两组，分别运行双重差分模型。表7-4中第（3）列上市年限较长时，交互项POST×TREAT×EPS的回归系数不显著；第（4）列上市年限较短时，交互项POST×TREAT×EPS的回归系数在1%水平上显著为负。说明相比上市年限较长的公司，上市年限较短公司的关键审计事项信息，更能显著提高投资者感知的风险水平及盈余不确定性，将投资者部分注意力从盈余信息转移到关键审计事项信息，进而降低盈余价值相关性。

表7-4　　信息环境、关键审计事项披露与盈余价值相关性

变量	(1)	(2)	(3)	(4)
	机构投资者持股比例高	机构投资者持股比例低	上市年限长	上市年限短
EPS	2.6998	-3.2325*	-0.9462	2.9840*
	(1.28)	(-1.94)	(-0.52)	(1.87)
POST	-3.8435**	0.61877	-0.2471	-3.1456**
	(-2.16)	(0.51)	(-0.14)	(-1.99)
POST×EPS	8.8557***	2.8441	2.6522	11.3248***
	(4.64)	(1.48)	(1.25)	(6.47)
TREAT	2.9328	-0.0061	1.6020	-0.8394
	(0.71)	(-0.01)	(0.73)	(-0.46)
TREAT×EPS	-3.3083	7.7051***	-1.6175	5.3455**
	(-0.73)	(3.53)	(-0.54)	(2.02)
POST×TREAT	-2.4294	1.9075	2.6526	5.0514*
	(-0.48)	(1.10)	(0.91)	(1.97)
POST×TREAT×EPS	5.2540	-7.3048**	1.7950	-15.0206***
	(0.92)	(-2.52)	(0.46)	(-4.20)
SIZE	-3.9297***	-2.2540***	-3.9568***	-2.6556***
	(-4.63)	(-4.44)	(-6.45)	(-4.37)
LEV	13.2460***	2.7534	5.7019	6.9118*
	(2.73)	(0.84)	(1.41)	(1.80)
GROWTH	2.7078	-0.0355	2.3956	2.0033
	(0.63)	(-0.02)	(0.72)	(0.71)
TOP1	-0.0618	0.0387	0.0010	0.0307
	(-1.13)	(1.11)	(0.02)	(0.88)

续表

变量	(1) 机构投资者持股比例高	(2) 机构投资者持股比例低	(3) 上市年限长	(4) 上市年限短
CURRA	-1.0474 (-0.30)	-8.2339*** (-4.35)	-4.7879* (-1.86)	-1.2605 (-0.54)
BVPS	0.9930*** (3.06)	0.8881*** (4.86)	1.4245*** (6.07)	0.7706*** (3.61)
SOE	1.0641 (0.47)	-2.0783* (-1.72)	-0.5539 (-0.28)	-1.0129 (-0.61)
BIG4	-0.6301 (-0.40)	0.8589 (0.89)	2.7328** (2.05)	-1.6687 (-1.36)
Constant	93.0336*** (4.04)	66.5091*** (6.38)	96.9599*** (6.60)	67.0164*** (4.87)
Industry	YES	YES	YES	YES
Observations	162	162	162	162
Adjusted R^2	0.5580	0.4886	0.4718	0.6176

注：括号中的数值为T值。***、**、*分别表示统计显著性水平1%、5%和10%。

综上，无论是采用机构投资者持股比例，还是公司上市年限衡量信息环境，回归结果都表明，披露关键审计事项对盈余价值相关性的影响，在信息环境较差的情况下更加显著。说明信息不对称程度越高，关键审计事项提供的增量风险信息越能吸引投资者关注，增强投资者感知的盈余不确定性，从而显著影响盈余价值相关性。

（2）关键审计事项具体披露对盈余价值相关性的影响

已有研究发现，我国上市公司的关键审计事项在披露数量、段落篇幅、文本复杂性与精确度以及事项类型方面存在差异，因此，关键审计事项提供的增量风险信息及其决策价值也可能不同。本书基于

2016—2017年披露关键审计事项的样本，借鉴Lennox等（2018）的研究构建回归模型（7-3），从披露数量、段落篇幅、文本复杂性与精确度以及事项类型五个方面，检验关键审计事项具体披露对投资者决策的影响。

$$P = \beta_0 + \beta_1 EPS + \beta_2 X + \beta_3 X \times EPS + Controls + \varepsilon \qquad \text{模型（7-3）}$$

①披露数量与盈余价值相关性

关键审计事项披露数量取决于被审计单位情况和审计师的职业判断。审计师披露的关键审计事项越多，越容易引导、警示投资者关注企业风险（Sirois等，2017），让投资者感知到较大的不确定性，进而降低会计盈余在股票估值中的作用。利用审计报告中关键审计事项的数量加1再取对数，作为披露数量（Num）的衡量指标，代入模型（7-3）进行回归。回归结果如表7-5第（1）列所示，交互项Num×EPS的系数在5%水平上显著为负，表明关键审计事项披露数量越多，传递的增量风险信息越多，越能转移投资者对会计盈余的关注，增强投资者感知的风险水平和盈余不确定性，进而削弱了当期盈余在投资者股票估值决策中的作用，导致盈余价值相关性下降。

②段落篇幅与盈余价值相关性

段落篇幅在一定程度上体现关键审计事项信息的详略程度。虽然信息内容的详略程度并非总能正向影响信息含量，但通常情况下，审计师披露的关键审计事项篇幅越长，字数越多，信息含量越大（冉明东和徐耀珍，2017），越有可能增强投资者感知的公司风险以及未来盈余不确定性，也更可能使投资者投入较多的注意力关注关键审计事项信息，从而分散对会计盈余的关注，最终导致盈余价值相关性下降。为此，利用每份审计报告中关键审计事项段的总字数取对数，表示关键审计事项的段落篇幅（Length），代入模型（7-3）进行回归。表7-5第（2）列回归结果显示，交互项Length×EPS的系数在1%水平上显著为负，表明关键审计事项的段落篇幅越长，盈余价值相关性越低，即关键审计事项的段落篇幅显著影响投资者决策。

③文本复杂性与盈余价值相关性

复杂性是文本信息的重要特征。从关键审计事项的文本复杂性来

表7-5　　关键审计事项具体披露与盈余价值相关性

变量	(1) 披露数量	(2) 段落篇幅	(3) 文本复杂性	(4) 文本精确度	(5) 共同影响
EPS	12.9820*** (8.04)	30.2413*** (5.16)	12.4519*** (9.45)	10.5759*** (17.47)	37.0634*** (4.29)
Num	2.0051** (1.96)				-0.2038 (-0.12)
Num×EPS	-3.3573** (-2.41)				4.1486 (1.57)
Length		1.3065** (2.18)			1.3920 (1.37)
Length×EPS		-2.9625*** (-3.59)			-4.0804*** (-2.63)
Fog			0.0053 (0.23)		-0.0028 (-0.12)
Fog×EPS			-0.0924*** (-2.61)		-0.0690* (-1.92)
Moneytimes				0.1101 (1.16)	0.0321 (0.30)
Moneytimes×EPS				-0.4697*** (-3.52)	-0.3815*** (-2.67)
SIZE	-2.4869*** (-12.23)	-2.4936*** (-12.26)	-2.4693*** (-12.27)	-2.4776*** (-12.31)	-2.5332*** (-12.35)
LEV	2.98798*** (2.63)	3.1466*** (2.78)	3.0371*** (2.69)	3.0985*** (2.74)	3.1921*** (2.82)
GROWTH	0.9130*** (2.58)	0.9347*** (2.65)	0.9529*** (2.70)	0.9406*** (2.66)	0.9720*** (2.76)

续表

变量	(1) 披露数量	(2) 段落篇幅	(3) 文本复杂性	(4) 文本精确度	(5) 共同影响
TOP1	0.0413*** (3.13)	0.0408*** (3.10)	0.0408*** (3.10)	0.0397*** (3.01)	0.0396*** (3.01)
CURRA	−2.4647*** (−2.81)	−2.5066*** (−2.85)	−2.4492*** (−2.79)	−2.4197*** (−2.76)	−2.4311*** (−2.77)
BVPS	1.0180*** (12.26)	1.0138*** (12.22)	1.0211*** (12.31)	1.0111*** (12.18)	1.0026*** (12.11)
SOE	−0.7999* (−1.85)	−0.8107* (−1.88)	−0.8550** (−1.99)	−0.8532** (−1.98)	−0.8525** (−1.98)
BIG4	2.5690*** (3.39)	2.6258*** (3.46)	2.2389*** (2.92)	2.4533*** (3.24)	2.3842*** (3.09)
Constant	60.1520*** (12.10)	53.3345*** (8.71)	61.8792*** (12.53)	61.7044*** (12.55)	53.8327*** (7.52)
Industry	YES	YES	YES	YES	YES
Year	YES	YES	YES	YES	YES
Observations	2 201	2 201	2 201	2 201	2 201
Adjusted R^2	0.4590	0.4607	0.4598	0.4607	0.4636

注：括号中的数值为T值。***、**、*分别表示统计显著性水平1%、5%和10%。

看，晦涩难懂的文字比通俗、直白的表达，更容易让投资者感到恐惧，并提高其评估的风险水平（Slovic，1987）。因此，关键审计事项的文本越复杂，投资者感知的公司风险水平以及盈余不确定性越高，从而在股票定价决策中对盈余信息的依赖程度可能越低。参考Li（2008）、王艳艳等（2018）的做法，用迷雾指数[①]（Fog）作为关键审计事项文本复杂

① 迷雾指数Fog = 0. 4×［（总字数/句子总数）+100×（复杂词数量/总字数）］，其中关键审计事项段的总字数、总句子以及复杂词的数量利用python结巴分词分解得到。复杂词为超过三个汉字的词语。

性的替代指标，迷雾指数越大，表示文本越复杂。回归结果如表7-5第（3）列所示，交互项Fog×EPS的回归系数在1%水平上显著为负，意味着关键审计事项越复杂，盈余价值相关性越低。

④文本精确度与盈余价值相关性

精确度是文本信息的另一重要特征。通常情况下，数字化信息比文本信息更加精确，更能让投资者直观地感知到风险的影响程度（王艳艳等，2018）。关键审计事项信息越精确，投资者越能直观地感受到风险及不确定性，增强对未来盈余不确定性的感知，进而降低盈余价值相关性。借鉴王艳艳等（2018）的做法，利用关键审计事项段中金额的提及次数（Moneytimes）衡量文本精确度，并代入模型（7-3）进行回归。表7-5第（4）列回归结果显示，交互项Moneytimes×EPS的系数在1%水平上显著为负，说明数字化信息的提及次数越多，盈余价值相关性越低。

表7-5第（5）列中综合考虑披露数量、段落篇幅、文本复杂性与精确度的共同影响，交互项Length×EPS、Fog×EPS、Moneytimes×EPS的系数仍然显著为负，但Num×EPS的系数不再显著。说明在控制其他披露特征的情况下，段落篇幅、文本复杂性以及文本精确度依然能够显著影响投资者决策，而披露数量对投资者风险感知水平以及盈余不确定性的影响不再显著。可能的原因在于，我国上市公司关键审计事项的披露数量普遍较少，并且一半以上（64.14%）的公司披露2项关键审计事项，审计报告中体现的公司风险数量高度相似，进而决策价值差异不大。

⑤关键审计事项类型与盈余价值相关性

关键审计事项的类型，体现了审计师关注的具体风险领域。由于各报表项目的重大错报风险及其对报表整体的影响存在差异，因此，不同类型的关键审计事项对投资者决策的影响可能不同。结合出现频率最高的资产减值（ASIMP）、收入确认（REV）、股权投资（EQIN）以及折旧与摊销（AM）四类事项[①]，考察关键审计事项具体类型对盈余价值相

① 相关变量定义同第4章。

关性的影响。

表7-6第（1）列交互项EPS×ASIMP的回归系数在1%水平上显著为负；第（2）列交互项EPS×REV的回归系数为正但不显著；第（3）列交互项EPS×EQIN的回归系数在1%水平上显著为负；第（4）列交互项EPS×AM的回归系数在1%水平上显著为正；第（5）列综合考虑各类事项的共同影响，交互项EPS×ASIMP与EPS×EQIN的系数分别在5%和1%水平上显著为负。

表7-6　**关键审计事项类型与盈余价值相关性**

变量	（1）资产减值	（2）收入确认	（3）股权投资	（4）折旧与摊销	（5）事项类型
EPS	10.4985***	8.8663***	9.6517***	8.9024***	10.0923***
	（15.27）	（12.92）	（20.07）	（18.84）	（10.23）
ASIMP	0.0383				-0.0750
	（0.07）				（-0.13）
EPS×ASIMP	-1.9101***				-1.7522**
	（-2.71）				（-2.38）
REV		-0.0781			-0.2283
		（-0.17）			（-0.49）
EPS×REV		0.5085			0.5655
		（0.72）			（0.77）
EQIN			0.7078		0.5807
			（1.04）		（0.83）
EPS×EQIN			-3.1177***		-3.1647***
			（-3.35）		（-3.38）
AM				-1.8538*	-1.8555*
				（-1.68）	（-1.65）
EPS×AM				5.8043***	5.3019***
				（3.90）	（3.46）

续表

变量	(1) 资产减值	(2) 收入确认	(3) 股权投资	(4) 折旧与摊销	(5) 事项类型
SIZE	-2.4280*** (-12.00)	-2.4756*** (-12.26)	-2.4693*** (-12.28)	-2.4684*** (-12.29)	-2.3863*** (-11.81)
LEV	3.0314*** (2.69)	2.9967*** (2.64)	3.0933*** (2.74)	2.9174*** (2.59)	2.9259*** (2.59)
GROWTH	0.9453*** (2.68)	0.9345*** (2.64)	0.9625*** (2.72)	0.9156*** (2.60)	1.0050*** (2.85)
TOP1	0.0400*** (3.04)	0.0414*** (3.14)	0.0403*** (3.06)	0.0414*** (3.14)	0.0392*** (2.99)
CURRA	-2.4676*** (-2.81)	-2.4607*** (-2.79)	-2.4680*** (-2.81)	-2.4442*** (-2.79)	-2.4210*** (-2.77)
BVPS	1.0199*** (12.28)	1.0245*** (12.31)	1.0284*** (12.41)	1.0297*** (12.43)	1.0285*** (12.44)
SOE	-0.9088** (-2.11)	-0.8095* (-1.88)	-0.8737** (-2.03)	-0.7999* (-1.86)	-0.9394** (-2.18)
BIG4	2.5795*** (3.41)	2.5838*** (3.37)	2.5453*** (3.36)	2.6232*** (3.47)	2.6773*** (3.52)
Constant	61.1464*** (12.48)	62.1715*** (12.67)	61.7222*** (12.63)	61.8269*** (12.66)	60.0507*** (12.29)
Industry	YES	YES	YES	YES	YES
Year	YES	YES	YES	YES	YES
Observations	2 201	2 201	2 201	2 201	2 201
Adjusted R^2	0.4603	0.4576	0.4606	0.4615	0.4657

注：括号中的数值为T值。***、**、*分别表示统计显著性水平1%、5%和10%。

回归结果说明，在关键审计事项段中披露资产减值、股权投资事项，更容易增强投资者感知的盈余不确定性，促使投资者将部分注意力从盈余信息中转移到关键审计事项信息，进而降低盈余价值相关性。

进一步，将资产减值事项（ASIMP）具体划分为商誉减值（ASIMP_gw）、固定资产减值（ASIMP_fa）、应收账款减值（ASIMP_rec）、存货减值（ASIMP_inv）、无形资产减值（ASIMP_int），代入模型（7-3）进行回归，考察不同类型资产减值事项对盈余价值相关性的影响。回归结果见表7-7，第（1）列交互项EPS×ASIMP_rec的系数在10%水平上显著为正；第（2）列交互项EPS×ASIMP_inv的系数为负，但不显著；第（3）列交互项EPS×ASIMP_fa的系数在1%水平上显著为负；第（4）列交互项EPS×ASIMP_int的系数不显著；第（5）列交互项EPS×ASIMP_gw的系数在1%水平上显著为负；第（6）列综合考虑各项减值之后，交互项EPS×ASIMP_fa和EPS×ASIMP_gw依然在1%水平上显著为负，并且交互项EPS×ASIMP_inv也在10%水平上显著为负。回归结果说明，在关键审计事项段中披露固定资产减值、商誉减值以及存货减值事项，更能增强投资者感知的公司风险水平以及盈余不确定性，将投资者部分注意力从盈余信息转移到关键审计事项信息，进而降低盈余价值相关性。

表7-7　　**资产减值具体类型与盈余价值相关性**

变量	（1） 应收账款 减值	（2） 存货 减值	（3） 固定资产 减值	（4） 无形资产 减值	（5） 商誉减值	（6） 资产减值
EPS	8.8170*** （17.61）	9.3553*** （18.54）	9.3581*** （19.95）	9.1116*** （19.54）	9.6288*** （19.35）	9.9850*** （16.94）
ASIMP_rec	−0.3597 （−0.77）					−0.4234 （−0.90）
EPS× ASIMP_rec	1.2556* （1.73）					1.1190 （1.55）

续表

变量	（1） 应收账款减值	（2） 存货减值	（3） 固定资产减值	（4） 无形资产减值	（5） 商誉减值	（6） 资产减值
ASIMP_inv		0.5737 （1.08）				0.4613 （0.87）
EPS×ASIMP_inv		−0.8634 （−1.12）				−1.3091* （−1.68）
ASIMP_fa			1.0629 （1.06）			1.0244 （1.03）
EPS×ASIMP_fa			−7.0135*** （−3.85）			−7.2732*** （−4.00）
ASIMP_int				0.4726 （0.18）		0.3272 （0.13）
EPS×ASIMP_int				1.0797 （0.45）		1.1739 （0.49）
ASIMP_gw					−0.1447 （−0.28）	−0.0295 （−0.06）
EPS×ASIMP_gw					−2.4758*** （−3.24）	−2.8826*** （−3.73）
SIZE	−2.4262*** （−12.10）	−2.4027*** （−11.94）	−2.4122*** （−12.04）	−2.4249*** （−12.08）	−2.4037*** （−11.92）	−2.3849*** （−11.79）
LEV	3.0007*** （2.65）	2.9781*** （2.63）	2.8926** （2.56）	2.9790*** （2.63）	2.9182*** （2.58）	2.8629** （2.54）
GROWTH	0.8621** （2.44）	0.8613** （2.43）	0.8945** （2.54）	0.8636** （2.44）	0.9347*** （2.65）	0.9483*** （2.69）

续表

变量	(1) 应收账款减值	(2) 存货减值	(3) 固定资产减值	(4) 无形资产减值	(5) 商誉减值	(6) 资产减值
TOP1	0.0406***	0.0400***	0.0407***	0.0403***	0.0381***	0.0372***
	(3.07)	(3.03)	(3.09)	(3.04)	(2.87)	(2.82)
CURRA	-2.4253***	-2.4409***	-2.2711***	-2.4096***	-2.5632***	-2.5720***
	(-2.76)	(-2.77)	(-2.59)	(-2.74)	(-2.91)	(-2.92)
BVPS	1.0305***	1.0285***	1.0250***	1.0325***	1.0470***	1.0163***
	(12.39)	(12.33)	(12.36)	(12.40)	(12.64)	(12.23)
SOE	-0.7977*	-0.8095*	-0.7342*	-0.7852*	-0.9266**	-0.8816**
	(-1.85)	(-1.87)	(-1.70)	(-1.82)	(-2.13)	(-2.03)
BIG4	3.1281***	3.0976***	3.3579***	3.0803***	3.1281***	3.3427***
	(4.27)	(4.23)	(4.58)	(4.20)	(4.29)	(4.57)
Constant	55.0793***	54.5077***	54.5022***	54.9692***	54.9198***	54.5744***
	(10.10)	(9.98)	(10.01)	(10.07)	(10.09)	(10.01)
Industry	YES	YES	YES	YES	YES	YES
Year	YES	YES	YES	YES	YES	YES
Observations	2 201	2 201	2 201	2 201	2 201	2 201
Adjusted R^2	0.4564	0.4561	0.4596	0.4559	0.4601	0.4641

注：括号中的数值为T值。***、**、*分别表示统计显著性水平1%、5%和10%。

7.4 稳健性检验

（1）安慰剂检验

将A+H股公司率先试用关键审计事项准则的实施时点人为设定为2014年，使得研究区间往前推两期，保证所有样本公司都落入政策实施前的区域，随后重新运行双重差分模型进行回归。安慰剂检验结果显示：政策实施时点提前后，原有双重差分结论不再成立，意味着盈余价值相关性的降低确实是由关键审计事项披露所导致的。

（2）更换被解释变量衡量方法

借鉴已有研究成果（陈信元等，2002；孟焰和袁淳，2005；厉国威等，2010），以上市公司年度报告披露后5月末或6月末最后一个交易日的股票收盘价（Mclsprc5、Mclsprc6）作为股票价格的衡量指标，代入双重差分模型回归，已有研究结论依然成立。

（3）采用收益模型替代价格模型进行检验

收益模型包括盈余水平模型与盈余变化模型两种形式。盈余水平模型，通过考察盈余水平对特定时间窗口内累计收益的影响，判断会计盈余的决策有用性；盈余变化模型，通过检验会计盈余的变动金额对特定时间窗口内超额累计收益的影响，甄别会计盈余的决策有用性。两种模型均得到广泛应用。因此，同时采用盈余水平模型、盈余变化模型两种不同形式的收益模型进行稳健性测试。

首先，借鉴王化成和佟岩（2006）、陆正飞和张会丽（2009）以及王鑫（2013）等学者的研究成果，构建如下盈余水平模型：

$$R = \beta_0 + \beta_1\frac{EPS}{P} + \beta_2 POST + \beta_3 POST \times \frac{EPS}{P} + \beta_4 TREAT + \beta_5 TREAT \times \frac{EPS}{P} + \beta_6 POST \times TREAT + \beta_7 POST \times TREAT \times \frac{EPS}{P} + Controls + \varepsilon \qquad \text{模型（7-4）}$$

被解释变量R为公司年度累计收益率，具体采用当年6月至下年5月累计收益率衡量（王化成和佟岩，2006），用R1表示；或当年6月至下年5月的个股月收益率（考虑现金股利）加1再累计相乘衡量（陆正飞和张会丽，2009；王鑫2013），用R2表示。EPS/P为经过期初股价标准化的每股盈余，用年度每股盈余除以当年5月末的股票收盘价表示。模型中的控制变量与前文一致。盈余水平模型的回归结果显示：相比控制组公司，处理组公司披露关键审计事项之后，盈余价值相关性显著下降，与已有研究结论一致。

其次，参考Easton和Harris（1991）、厉国威等（2010）等学者的研究，构建如下盈余变化模型：

$$RET=\beta_0+\beta_1\frac{DEPS}{P}+\beta_2POST+\beta_3POST\times\frac{DEPS}{P}+\beta_4TREAT+\beta_5TREAT\times\frac{DEPS}{P}+\beta_6POST\times TREAT+\beta_3POST\times TREAT\times\frac{DEPS}{P}+Controls+\varepsilon \quad \text{模型（7-5）}$$

其中，RET为经过市场调整的累计超额收益率，以当年6月至次年5月作为年度区间计算得到，$RET=\prod_{-7}^{5}(1+R_{it})-\prod_{-7}^{5}(1+R_{mt})$。式中$R_{it}$为个股的月收益率（考虑现金股利），$R_{mt}$为考虑现金红利再投资的市场回报率（流通市值加权平均）。变量DEPS/P表示经过期初股价标准化的每股盈余变动额，用当年每股盈余相对上年每股盈余的变动金额除以当年5月末的股票收盘价得到。交互项POST×TREAT×DEPS/P为检验变量，表示关键审计事项披露之后，相比控制组公司，处理组公司盈余变动额对累计超额收益的反应系数的净变化，预期该变量的回归系数显著为负。

模型中的控制变量包括：（1）EPS/P是标准化的当期盈余，等于每股盈余除以期初股票收盘价。Easton和Harris（1991）发现，标准化的当期盈余、盈余变动金额均能影响证券价值，因此，在模型（7-4）中同时引入DEPS/P和EPS/P两个变量。（2）D_SIZE表示公司规模的变化金额，其中公司规模用资产期末余额取对数表示。（3）D_LEV等于公司当年资产负债率减去上年资产负债率。（4）D_GROWTH是公司当年与去年的营业收入增长率之差。（5）D_TOP1表示第一大股东持股比例相对上一年的波动。（6）D_CURRA由当年流通股占比减去年流通股占比计算得到。盈余变化模型的回归结果显示，关键审计事项披露之后，处理组公司的盈余价值相关性较控制组公司显著下降，已有研究结论依然成立。

8 结论、建议与展望

8.1 主要研究结论

基于中国审计报告改革的制度背景，在统计、调查关键审计事项准则实施现状的基础上，实证检验关键审计事项准则实施对审计师行为以及投资者决策的影响。主要研究结论如下：

（1）我国关键审计事项准则实施现状

选取2016—2017年披露关键审计事项的A股上市公司，从披露形式、披露数量、事项类型、信息内容四个方面，统计我国上市公司关键审计事项的披露现状。结果显示：①关键审计事项的披露以文本形式为主，表格形式为辅；②关键审计事项大多不超过3项，事项数量普遍偏少；③事项类型涉及多个领域，但高度集中于资产减值与收入确认，且具有较强的行业特征；④内容要素相对完整，但文本篇幅以及事项描述的精确性、审计程序的逻辑性、审计结果的清晰性等方面存在差异，披露水平参差不齐；⑤与英国相比，我国上市公司的关键审计事项在披露数量、事项选取方面的差异较小；⑥A+H股公司的关键审计事项具有较强的持续性。

通过问卷调查关键审计事项准则具体应用情况以及社会公众对关键审计事项的评价，发现：①原则导向的关键审计事项准则提高了新审计报告的撰写难度；②众多审计师在披露关键审计事项时表现谨慎，且相互借鉴、模仿；③监管风险与客户解约风险，是审计师披露关键审计事项时考虑的重要因素；④事务所在准则应用过程中发挥了积极作用；⑤关键审计事项披露得到社会公众的关注和认可，但披露数量、事项种类低于使用者预期，事项描述、审计应对程序等信息内容与使用者需求依然存在差距。

（2）关键审计事项准则实施对审计师行为的影响

基于审计质量视角，实证检验关键审计事项准则实施对审计师行为的影响。研究发现：①相比未实施关键审计事项准则的控制组公司，A+H股公司在使用关键审计事项准则之后，应计盈余管理显著下降。说明关键审计事项准则实施，促使审计师降低对盈余管理的容忍程度，更好地抑制了公司的盈余管理行为，从而提高审计质量。②区分事务所特征后，发现关键审计事项准则实施对审计质量的影响，主要体现在非行业专长、对客户依赖程度较高的事务所中。③从关键审计事项准则的具体实施情况来看，当审计师将应收账款减值、收入确认事项作为关键审计事项予以重点关注时，审计质量更高。④通过实施安慰剂检验、更换盈余管理估计模型以及从市场感知的视角衡量审计质量，稳健性检验关键审计事项准则实施对审计质量的影响，已有研究结论依然成立。

在审计收费方面：①关键审计事项准则实施之后，审计收费显著上涨。说明关键审计事项准则实施，导致审计师增加审计投入、索取更高风险溢价、提高审计质量，从而审计收费显著上涨。②考虑事务所类型、地区法律环境后，发现关键审计事项准则实施对审计收费的影响，主要存在于非“四大”审计以及公司所处地区法律环境较好的情况下，说明事务所类型、法律环境是影响关键审计事项准则实施与审计收费之间关系的重要因素。③结合关键审计事项具体披露情况来看，审计师披露的关键审计事项越多、文本越复杂，审计收费越高。④从关键审计事项具体类型来看，当审计师重点关注应收账款减值、固定资产减值、商誉减值以及收入确认事项时，审计收费更高。⑤实施安慰剂检验、考虑通货膨胀对审计收费的影响、更换控制变量衡量方法，重新检验关键审计事项准则实施对审计收费的影响，已有研究结论依然成立。

（3）关键审计事项准则实施对投资者决策的影响

选择会计盈余价值相关性这一综合反映投资者股票定价决策的视角，实证检验关键审计事项披露对投资者决策的影响。研究发现：①相比控制组公司，A+H股公司率先披露关键审计事项之后，盈余价值相关性显著下降。说明关键审计事项提供了与风险相关的增量信息，增强了投资者感知的公司风险水平和盈余不确定性，将投资者部分注意力从会计盈余转移到关键审计事项信息，进而削弱投资者股票定价决策中对盈余信息的依赖，降低会计盈余价值相关性。②区分信息环境后，发现关键审计事项披露对投资者决策的影响，主要体现在机构投资者持股比例较低、公司上市年限较短等信息环境较差的情况下。③从关键审计事项具体披露情况来看，审计师披露的关键审计事项越多、段落篇幅越长、文本越复杂、精确度越高，盈余价值相关性越低。④结合关键审计事项具体类型来看，当审计师在关键审计事项中披露固定资产减值、存货减值、商誉减值以及股权投资事项时，盈余价值相关性显著下降。

8.2 政策建议

结合本书的研究结论，分别从准则制定机构、监管部门、会计师事务所、审计师以及投资者五个层面，提出改进关键审计事项准则实施现状的政策建议。

（1）准则制定机构：完善关键审计事项准则规定

审计报告改革以来，我国审计准则委员会与财政部先后制定、出台了关键审计事项准则及其应用指南，在指导和规范关键审计事项披露、改善审计报告沟通价值方面发挥了积极作用。但是，原则导向的关键审计事项准则增加了新审计报告的撰写难度，众多审计师在确定关键审计事项数量与类型、说明判断关键审计事项的理由，以及描述审计应对程序等方面存在困难。为此，建议准则制定机构细化关键审计事项准则相关规定，或者出台关键审计事项准则实施细则，对关键审计事项具体披露提供更加细致的指导。具体而言，建议从以下方面进行完善：

第一，明确界定关键审计事项的概念与内涵。根据我国关键审计事项准则及其应用指南的规定，关键审计事项是本期审计过程中最为重要的事项。那么，怎样的程度才算得上“最为重要”？审计师进行职业判断的依据与考量标准是什么？现行准则尚无明确规定。因此，建议准则从定量和定性两个角度，界定关键审计事项的具体判断标准，定量与定性相结合，为审计师判断关键审计事项提供更加明确的指导。

第二，规定关键审计事项披露数量。关键审计事项是本期审计中最为重要的事项，数量过多难以体现其重要性，数量过少影响审计报告沟通价值。在我国，绝大多数审计师披露的关键审计事项不超过3项，并且一半以上审计师选择披露2项关键审计事项，事项数量整体偏少，决策价值相对有限。为了适度增加关键审计事项披露数量，在体现关键审计事项重要性的同时，进一步改善审计报告沟通价值，建议准则强制要求审计师披露3~5项关键审计事项，将我国上市公司关键审计事项的平均披露数量，提升至与英国公司风险项目平均数量相近的水平。如果特殊情况下，审计师无法披露3~5项关键审计事项，应当说明理由。类似地，准则还可以对关键审计事项的披露数量作出最低限制，如建议审计师至少披露3项关键审计事项，若审计师无法满足最低披露数量的要求，应当说明原因。

第三，要求从行业层面与公司层面确定关键审计事项类型。目前，我国上市公司披露的关键审计事项行业特征十分明显，虽然同行业上市公司的风险大多相同，但是关键审计事项除了体现共性之外，更需要体现公司个性。因此，建议准则要求审计师在选择关键审计事项时，除了考虑行业层面的整体风险之外，更应结合公司具体情况，从与公司自身密切相关的高风险领域、涉及会计估计和判断的领域以及重大交易和事项中，挑选确定关键审计事项，以提高关键审计事项的差异性。

第四，增加关键审计事项信息内容的具体披露要求。为了改善我国上市公司关键审计事项披露质量参差不齐的状况，建议准则增加关键审计事项信息披露质量要求。在语言表达方面，要求审计师以中立的语气披露关键审计事项，避免使用积极或者消极语气。在事项描述方面，要求审计师说明该事项涉及的报表项目金额或者变动比例等数字信息（若有），增强关键审计事项信息的精确度与可验证性。在审计应对程序方面，要求审计师详细披露针对关键审计事项实施的最为核心的审计程序，避免概括地披露过多程式化的审计应对措施。

第五，要求提供关键审计事项比较信息。针对我国上市公司关键审计事项持续性较强这一情况，准则可以要求审计师披露关键审计事项比较信息，即在披露关键审计事项时，简要提及上年的关键审计事项，如果前后两年关键审计事项类型完全一致，审计师应当提供年度比较说明并解释原因。

（2）监管部门：引导关键审计事项准则实施

第一，积极引导关键审计事项信息披露。我国关键审计事项准则实施情况的调查结果显示：监管风险是导致审计师不敢披露过多关键审计事项的重要原因。众多审计师认为，如果披露过多关键审计事项，或者披露高于行业平均披露数量的关键审计事项，更有可能引起监管部门关注。出于降低监管风险的考虑，大多数审计师在披露关键审计事项时比较谨慎。事实上，监管部门确实会把关键审计事项当作发现问题的线索，这是因为关键审计事项较多的公司，重大错报风险与审计风险可能较高。但是，关键审计事项数量较少的公司，也有可能存在较高的风险，只是审计师未披露而已。因此，建议监管部门在关键审计事项准则实施过程中发挥积极引导作用，一方面明确态度，鼓励审计师适度增加关键审计事项披露数量；另一方面，在进行监督和检查时，不以关键审计事项披露数量作为挑选原则，避免向审计师传递错误信号。

第二，密切关注审计师执业行为。由第4章关键审计事项准则实施对审计质量影响的检验可知，关键审计事项准则实施之后，审计质量显著提升。作为资本市场的重要参与者，审计报告信息的供给方，高质量审计有助于增进信息使用者对审计报告的信赖程度，改善审计报告沟通价值，提高资本市场运行效率。但是，此次的审计质量提升是从外到内的，是在准则变革的制度背景与外界压力下，审计师作出的应对，而不是审计师自发的、内在的质量提升与锤炼。那么，这种质量的提升是短期的还是长期的，值得监管部门持续关注。再者，关键审计事项准则实施对审计师行为的影响具有两面性：一方面，关键审计事项准则实施，促使审计师更加谨慎执业，提高审计质量；另一方面，关键审计事项准则实施，导致审计成本与审计师法律责任风险增加，推动审计收费上涨。面对竞争激烈的审计市场，如果审计师出于维持现有客户的动机损害独立性，或者在披露关键审计事项时屈从于客户压力，将会引发审计质量下滑、关键审计事项披露质量下降等现象，影响准则实施效果。为了避免出现类似情形，建议监管部门密切关注审计师执业行为，规范和引导会计师事务所、注册会计师以审计质量为核心，关注和调查关键审计事项准则实施对审计师行为的影响，以更好地发挥关键审计事项准则实施带来的积极作用。

（3）会计师事务所：营造良好准则实施氛围

会计师事务所在准则实施过程中扮演着重要角色，不同类型的事务所在关键审计事项的披露、准则实施效果等方面存在差异（王艳艳等，2018）。为了进一步完善关键审计事项信息披露，促使关键审计事项准则产生积极经济后果，建议会计师事务所继续加强对关键审计事项准则的学习和培训，针对关键审计事项准则实施中遇到的困难和问题开展交流与讨论，从整体上增进审计人员对关键审计事项准则的理解，提升审计人员判断和撰写关键审计事项的能力。同时，建议增加对关键审计事项披露的指导、监督与复核，在事务所内部对关键审计事项信息披露质量进行把关。此外，事务所还应当要求审计师在关键审计事项披露过程中保持独立性，并建立以质量为核心的激励、晋升体系，为关键审计事项准则实施营造良好氛围。

（4）审计师：改进关键审计事项信息披露

虽然关键审计事项披露，提供了关于被审计单位与审计过程的个性化、差异化信息，但我国上市公司的关键审计事项具体披露仍然存在些许问题。为了更好地推进审计报告改革，稳步提高审计报告信息含量及其决策价值，建议审计师从以下方面改进关键审计事项信息披露。

第一，丰富关键审计事项披露形式。英国投资管理协会发现以图表等格式、体例出具的审计报告更具有吸引力（FRC，2015），并且以表格形式呈现关键审计事项，分左右两列披露事项描述与审计应对措施，更加清晰、直观（柳木华和董秀琴，2018）。为了进一步提高新审计报告的可读性与清晰性，建议、鼓励和提倡审计师使用表格形式披露关键审计事项。

第二，细化关键审计事项具体类型。针对我国上市公司关键审计事项类型高度集中的情况，建议审计师聚焦审计过程中的核心问题，从更加细致的角度确定关键审计事项。首先，将关键审计事项与相关认定或者风险相结合，比如，将"收入确认事项"细化为"收入确认的准确性"、"营业收入的真实性"以及"与收入相关的内部控制"、"管理层收入舞弊风险"等，披露审计工作中的核心风险，体现审计师关注的侧重点。其次，将事项类型与行业、产品特征相结合。例如，将"收入确认事项"细化为"建造合同收入确认""出口商品销售收入确认"等，选择更加细致的视角进行披露，使得事项类型更加具体化、明确化，体现不同行业、不同公司之间的差异。

第三，提供更多个性化信息。我国上市公司的关键审计事项，无论在披露数量、事项类型，还是具体语言表述方面，都存在相似之处，这在一定程度上违背了审计报告改革的初衷，不利于向使用者传递更多公司层面的个性化信息，从而可能阻碍审计报告沟通价值的提升。因此，建议审计师在增进准则理解的基础上，结合公司特定风险与审计特点，撰写更加个性化的关键审计事项信息。

（5）投资者：理性解读关键审计事项信息

本书第7章研究发现，关键审计事项信息为投资者提供了决策有用的增量信息，提高了审计报告沟通价值。具体而言，关键审计事项信息，增强了投资者对公司未来不确定性的感知，促使投资者更加谨慎地看待被审计单位的会计盈余信息，降低会计盈余价值相关性。这意味着大多数投资者对关键审计事项信息的解读比较保守。事实上，关键审计事项是审计师本期重点关注过的事项，已经实施了审计应对程序，有效控制了相关风险。并且关键审计事项以审计意见为背景，并不影响已发表的审计意见类型。这意味着在审计师出具无保留意见的情况下，披露的关键审计事项再多，也不影响报表整体的合法性与公允性。因此，投资者应当以更加理性的心态解读关键审计事项信息，明确关键审计事项虽然与高风险领域相关，但审计师已采取措施应对，不必过于担忧，更不用因此降低对会计信息的信赖。

8.3 研究局限与展望

（1）研究局限

本书的研究还存在一些不足之处，主要体现在以下方面：

第一，研究期间较短，研究样本数量有限。我国关键审计事项准则于2016年12月正式出台，自2017年1月1日起在A+H股公司率先实施，自2018年1月1日起在其他公司实施，受关键审计事项准则实施时间的限制，本书基于2015—2017年的相关数据展开，研究期间相对较短、研究样本相对较少，从而在一定程度上可能导致本书的研究结论存在局限。

第二，指标选择与变量衡量可能存在一定缺陷。本书借鉴已有研究成果，利用应计盈余管理作为审计质量的衡量指标，公司操纵性应计利润的绝对值越小，代表审计质量越高，反之，审计质量越低。然而，公司的应计盈余管理水平可能与审计质量无关，这是因为如果在审计之前公司的盈余管理水平就非常低，即使审计师未合理设计、有效实施审计程序，提供较低质量的审计服务，审计之后的应计盈余管理水平也依然较低，显然这种较低水平的盈余管理与审计质量无关。本书采用应计盈余管理替代审计质量，未排除以上情况，从而可能高估关键审计事项准则实施对审计质量的提升作用。

第三，关键审计事项准则影响审计师行为与投资者决策的作用机制与路径探讨，可能不够全面。本书仅考察了事务所行业专长、客户重要性对关键审计事项准则实施与审计质量之间关系的影响，检验了事务所类型、法律环境对关键审计事项准则实施与审计收费之间关系的影响，以及信息环境对关键审计事项披露与盈余价值相关性之间关系的影响，虽然这些因素是影响以上关系的重要因素，但是可能还有其他因素发挥了重要作用，而本书未进行深入讨论。

（2）未来研究方向

未来可以从以下方面进一步探讨关键审计事项披露的相关研究话题：

第一，关键审计事项准则实施对审计师、投资者决策的影响机制。首先，考虑投资者异质性的影响。不同类型的投资者对关键审计事项的解读可能存在差异，那么投资者异质性，特别是机构投资者的异质性如何影响关键审计事项准则实施的经济后果，值得探讨。其次，考虑外部环境的影响。外部环境及其不确定性，是否会影响关键审计事项准则实施的经济后果，本书未进行深入分析，未来可以从这一角度进行检验。最后，考虑公司内部治理。公司治理水平不同时，关键审计事项准则实施对审计师行为、投资者决策的影响可能不同，产权性质、股权结构、内部监督机制等如何影响关键审计事项准则实施效果，有待进一步研究。

第二，关键审计事项准则实施对其他利益相关者的影响。受限于研究数据等因素的影响，本书仅从审计师行为、投资者决策两个视角，检验关键审计事项准则实施效果，但审计报告信息使用者众多，关键审计事项准则实施对资本市场其他行为主体的影响如何，值得关注。未来可以考虑从分析师、债权人、供应商等视角，多维度检验关键审计事项准则实施的经济后果。

第三，关键审计事项披露的影响因素。本书集中讨论关键审计事项准则实施的经济后果，但未检验关键审计事项披露的影响因素。未来应该进一步关注我国上市公司关键审计事项准则执行情况，持续更新关键审计事项披露数据，并从制度层面、公司层面、事务所以及审计师层面，探讨关键审计事项信息披露的影响因素。

参考文献

[1] 薄仙慧，吴联生．国有控股与机构投资者的治理效应：盈余管理视角［J］．经济研究，2009，44（2）：81-91．

[2] 蔡春，鲜文铎．会计师事务所行业专长与审计质量相关性的检验——来自中国上市公司审计市场的经验证据［J］．会计研究，2007（6）：41-47．

[3] 蔡春，谢柳芳，马可哪呐．高管审计背景、盈余管理与异常审计收费［J］．会计研究，2015（3）：72-78．

[4] 陈波．审计报告改革的英国经验及启示［J］．中国注册会计师，2016（5）：118-123．

[5] 陈红，陈玉秀．风险导向审计准则对审计质量的影响——基于A股市场的实证研究［J］．南京审计学院学报，2013（5）：88-96．

[6] 陈宋生，陈海红，潘爽．审计结果公告与审计质量——市场感知和内隐真实质量双维视角［J］．审计研究，2014（2）：18-26．

[7] 陈霄，叶德珠，邓洁．借款描述的可读性能够提高网络借款成功率吗［J］．中国工业经济，2018（3）：174-192．

[8] 陈小林，潘克勤．法律环境、政治关系与审计定价——来自中国证券市场的经验证据［J］．财贸经济，2007（S1）：90-95．

[9] 陈信元，陈冬华，朱红军．净资产、剩余收益与市场定价：会计信息的价值相关性［J］．金融研究，2002（4）：59-70．

[10] 陈玥，江轩宇．会计信息可比性能够降低审计收费吗？——基于信息环境与代理问题的双重分析［J］．审计研究，2017（2）：89-97．

[11] 程新生，刘建梅，程悦. 相得益彰抑或掩人耳目：盈余操纵与MD&A中非财务信息披露 [J]. 会计研究，2015 (8)：11-18.
[12] 戴德明，毛新述，姚淑瑜. 合并报表与母公司报表的有用性：理论分析与经验检验 [J]. 会计研究，2006 (10)：10-17.
[13] 戴捷敏，方红星. 控制风险、风险溢价与审计收费——来自深市上市公司2007年年报的经验证据 [J]. 审计与经济研究，2010，25 (3)：46-53.
[14] 杜兴强. 殷勤款待与审计独立性：天下有白吃的午餐吗？[J]. 会计研究，2018 (5)：83-89.
[15] 范经华，张雅曼，刘启亮. 内部控制、审计师行业专长、应计与真实盈余管理 [J]. 会计研究，2013 (4)：81-88.
[16] 方红星，金玉娜. 高质量内部控制能抑制盈余管理吗？——基于自愿性内部控制鉴证报告的经验研究 [J]. 会计研究，2011 (8)：53-60.
[17] 方军雄，洪剑峭，李若山. 我国上市公司审计质量影响因素研究：发现和启示 [J]. 审计研究，2004 (6)：35-43.
[18] 付学超，郭艳萍. 外部审计治理效应对投资者保护影响的实证研究 [J]. 财经理论研究，2017 (5)：103-112.
[19] 盖地，盛常艳. 内部控制缺陷及其修正对审计收费的影响——来自中国A股上市公司的数据 [J]. 审计与经济研究，2013，28 (3)：21-27.
[20] 郭照蕊，黄俊. 投资者能够提前感知公司舞弊吗？——基于会计信息价值相关性视角的研究 [J]. 中央财经大学学报，2017 (12)：60-72.
[21] 韩维芳. 会计师事务所特殊普通合伙转制的影响研究——合伙人层面的分析 [J]. 审计研究，2016 (2)：90-97.
[22] 洪剑峭，方军雄. 关联交易和会计盈余的价值相关性 [J]. 中国会计评论，2005 (1)：87-98.
[23] 侯国民，恽碧琰，宋常. 上市公司连续披露的非标准审计意见信息含量研究 [J]. 审计研究，2007 (4)：49-58.
[24] 胡丹，冯巧根. 信息环境、审计质量与IPO抑价——以A股市2009—2011年上市的公司为例 [J]. 会计研究，2013 (2)：78-85.
[25] 胡继荣. 论审计期望差距的构成要素 [J]. 审计研究，2001 (1)：39-41.
[26] 胡奕明，唐松莲. 审计、信息透明度与银行贷款利率 [J]. 审计研究，2007 (6)：74-84.
[27] 胡奕明，周伟. 债权人监督：贷款政策与企业财务状况——来自上市公司的一项经验研究 [J]. 金融研究，2006 (4)：49-60.
[28] 黄敬昌，林斌，赵静. 会计师事务所转制对审计质量的影响机制研究——基于市场感知的证据 [J]. 审计研究，2017 (2)：73-79.

[29] 黄珺，朱攀．社会责任信息披露、管理层信任度与投资者决策［J］．软科学，2015（5）：68-72．

[30] 黄梅，夏新平．操纵性应计利润模型检测盈余管理能力的实证分析［J］．南开管理评论，2009，12（5）：136-143．

[31] 吉利，张丽，田静．我国上市公司社会责任信息披露可读性研究——基于管理层权力与约束机制的视角［J］．会计与经济研究，2016，30（1）：21-33．

[32] 姜付秀，石贝贝，马云飙．董秘财务经历与盈余信息含量［J］．管理世界，2016（9）：161-173．

[33] 姜付秀，朱冰，唐凝．CEO和CFO任期交错是否可以降低盈余管理？［J］．管理世界，2013（1）：158-167．

[34] 蒋红芸，李岩琼，王雄元．年报风险信息披露与分析师跟随［J］．财经论丛，2018（12）：65-73．

[35] 阚京华．国际审计与鉴证准则理事会审计报告模式变革特征及启示［J］．南京审计大学学报，2017（2）：58-66．

[36] 孔东民，孔高文，刘莎莎．机构投资者、流动性与信息效率［J］．管理科学学报，2015，18（3）：1-15．

[37] 李虹，田马飞．内部控制、媒介功用、法律环境与会计信息价值相关性［J］．会计研究，2015（6）：64-71．

[38] 李莫愁，周红，夏立军．风险导向的审计准则是否提高了注册会计师的风险敏感性？［J］．财经研究，2015（9）：96-107．

[39] 李莫愁．审计准则与审计失败——基于中国证监会历年行政处罚公告的分析［J］．审计与经济研究，2017（2）：56-65．

[40] 李小晗，朱红军．投资者有限关注与信息解读［J］．金融研究，2011（8）：128-142．

[41] 李晓慧．审计报告的沿革及其运用研究［J］．审计研究，2005（3）：85-88．

[42] 李焰，王琳．媒体监督、声誉共同体与投资者保护［J］．管理世界，2013（11）：130-143．

[43] 李争光，赵西卜，曹丰，等．机构投资者异质性与企业绩效——来自中国上市公司的经验证据［J］．审计与经济研究，2014（5）：77-86．

[44] 李正，向锐．中国企业社会责任信息披露的内容界定、计量方法和现状研究［J］．会计研究，2007（3）：3-11．

[45] 厉国威，廖义刚，韩洪灵．持续经营不确定性审计意见的增量决策有用性研究——来自财务困境公司的经验证据［J］．中国工业经济，2010（2）：

150-160.
[46] 梁上坤. 媒体关注、信息环境与公司费用粘性 [J]. 中国工业经济，2017 (2): 154-173.
[47] 廖冠民，吴溪. 收入操纵、舞弊审计准则与审计报告谨慎性 [J]. 审计研究，2013 (1): 103-112.
[48] 廖义刚，张玲，谢盛纹. 制度环境、独立审计与银行贷款——来自我国财务困境上市公司的经验证据 [J]. 审计研究，2010 (2): 62-69.
[49] 刘峰，许菲. 风险导向型审计·法律风险·审计质量——兼论“五大”在我国审计市场的行为 [J]. 会计研究，2002 (2): 21-27.
[50] 刘峰，周福源. 国际四大意味着高审计质量吗——基于会计稳健性角度的检验 [J]. 会计研究，2007 (3): 79-87.
[51] 刘行健，王开田. 会计师事务所转制对审计质量有影响吗? [J]. 会计研究，2014 (4): 88-96.
[52] 刘圻. 论审计期望差距的分类治理——一个程序理性的视角 [J]. 审计研究，2008 (2): 65-71.
[53] 刘启亮，李祎，张建平. 媒体负面报道、诉讼风险与审计契约稳定性——基于外部治理视角的研究 [J]. 管理世界，2013 (11): 144-154.
[54] 刘文军，米莉，傅倞轩. 审计师行业专长与审计质量——来自财务舞弊公司的经验证据 [J]. 审计研究，2010 (1): 47-54.
[55] 刘笑霞. 审计师惩戒与审计定价——基于中国证监会2008—2010年行政处罚案的研究 [J]. 审计研究，2013 (2): 90-98.
[56] 刘永泽，孙翯. 我国上市公司公允价值信息的价值相关性——基于企业会计准则国际趋同背景的经验研究 [J]. 会计研究，2011 (2): 16-22.
[57] 柳木华，董秀琴. 关键审计事项的披露特点——基于2017年上市公司新式审计报告的统计分析 [J]. 证券市场导报，2018 (11): 12-19.
[58] 娄芳，李玉博，原红旗. 新会计准则对现金股利和会计盈余关系影响的研究 [J]. 管理世界，2010 (1): 122-132.
[59] 陆正飞，王春飞，伍利娜. 制度变迁、集团客户重要性与非标准审计意见 [J]. 会计研究，2012 (10): 71-78.
[60] 陆正飞，张会丽. 会计准则变革与子公司盈余信息的决策有用性——来自中国资本市场的经验证据 [J]. 会计研究，2009 (5): 20-28.
[61] 路军，张金丹. 审计报告中关键审计事项披露的初步研究——来自A+H股上市公司的证据 [J]. 会计研究，2018 (2): 83-89.
[62] 孟博，刘茂，李清水，等. 风险感知理论模型及影响因子分析 [J]. 中国安全科学学报，2010，20 (10): 59-66.

[63] 孟庆斌，杨俊华，鲁冰. 管理层讨论与分析披露的信息含量与股价崩盘风险——基于文本向量化方法的研究 [J]. 中国工业经济，2017 (12): 132-150.
[64] 孟焰，袁淳. 亏损上市公司会计盈余价值相关性实证研究 [J]. 会计研究，2005 (5): 42-46.
[65] 潘红波，夏新平，余明桂. 政府干预、政治关联与地方国有企业并购 [J]. 经济研究，2008 (4): 41-52.
[66] 潘越，戴亦一，林超群. 信息不透明、分析师关注与个股暴跌风险 [J]. 金融研究，2011 (9): 138-151.
[67] 彭情，唐雪松. 流言招来的“是非”: 股市传闻与盈余价值相关性 [J]. 管理世界，2019，35 (3): 186-204.
[68] 漆江娜，陈慧霖，张阳. 事务所规模・品牌・价格与审计质量——国际“四大”中国审计市场收费与质量研究 [J]. 审计研究，2004 (3): 59-65.
[69] 秦荣生. 审计报告的发展和我国审计报告准则的制定 [J]. 审计研究，1996 (1): 32-40.
[70] 曲晓辉，卢煜，张瑞丽. 商誉减值的价值相关性——基于中国A股市场的经验证据 [J]. 经济与管理研究，2017，38 (3): 122-132.
[71] 冉明东，徐耀珍. 注册会计师审计报告改进研究——基于我国审计报告改革试点样本的分析 [J]. 审计研究，2017 (5): 62-69.
[72] 施先旺，李志刚，刘拯. 分析师预测与上市公司审计收费研究——基于信息不对称理论的视角 [J]. 审计与经济研究，2015，30 (3): 39-48.
[73] 宋常，恽碧琰.上市公司首次披露的非标准审计意见信息含量研究 [J]. 审计研究，2005 (1): 32-40.
[74] 宋京津，李睿. 关系契约、审计师与投资者保护——审计报告相关准则修订的理性思考 [J]. 会计与经济研究，2016，30 (5): 83-95.
[75] 孙岩. 社会责任信息披露的清晰性、第三方鉴证与个体投资者的投资决策——一项实验证据 [J]. 审计研究，2012 (4): 97-104.
[76] 谭洪涛，张筱. 非标准审计意见足以保护审计师吗? ——基于证券执法的证据 [J]. 审计研究，2015 (3): 91-99.
[77] 唐建华. 国际审计与鉴证准则理事会审计报告改革评析 [J]. 审计研究，2015 (1): 60-66.
[78] 王兵，李晶，苏文兵，等. 行政处罚能改进审计质量吗? ——基于中国证监会处罚的证据 [J]. 会计研究，2011 (12): 86-92.
[79] 王化成，佟岩. 控股股东与盈余质量——基于盈余反应系数的考察 [J].

会计研究，2006（2）：66-74.

[80] 王雷，李冰心．强制分层披露提高了公允价值信息的决策有用性吗？——基于中国A股上市公司的经验证据［J］．审计与经济研究，2018，33（4）：86-95.

[81] 王磊，孔东民．盈余信息、个人投资者关注与股票价格［J］．财经研究，2014，40（11）：82-96.

[82] 王晓梅．合并-母公司报表盈余信息决策有用性研究评述［J］．当代财经，2010（5）：125-129.

[83] 王雄元，曾敬．年报风险信息披露与银行贷款利率［J］．金融研究，2019（1）：54-71.

[84] 王雄元，高曦，何捷．年报风险信息披露与审计费用——基于文本余弦相似度视角［J］．审计研究，2018（5）：98-104.

[85] 王雄元，李岩琼，肖忞．年报风险信息披露有助于提高分析师预测准确度吗？［J］．会计研究，2017（10）：37-43+96.

[86] 王艳艳，许锐，王成龙，等．关键审计事项段能够提高审计报告的沟通价值吗？［J］．会计研究，2018（6）：86-93.

[87] 王艳艳，于李胜，安然．非财务信息披露是否能够改善资本市场信息环境？——基于社会责任报告披露的研究［J］．金融研究，2014（8）：178-191.

[88] 吴溪，杨育龙，陈旭．"非清洁"内控审计意见的市场反应充分吗？［J］．审计研究，2016（1）：60-67.

[89] 吴勇，曹丹丹，李正西．新审计报告中关键审计事项的确定、表达与披露研究［J］．中国注册会计师，2018（11）：44-49.

[90] 吴战篪，李晓龙．内部人抛售、信息环境与股价崩盘［J］．会计研究，2015（6）：48-55.

[91] 伍利娜．审计定价影响因素研究——来自中国上市公司首次审计费用披露的证据［J］．中国会计评论，2003（00）：113-128.

[92] 夏冬林，林震昃．我国审计市场的竞争状况分析［J］．会计研究，2003（3）：40-46.

[93] 夏立军．国外盈余管理计量方法述评［J］．外国经济与管理，2002（10）：35-40.

[94] 夏宁，杨硕．异质性机构投资者持股水平与审计收费［J］．审计研究，2018（2）：72-79.

[95] 闫焕民，刘宁，陈小林．事务所转制是否影响审计定价策略——来自我国上市公司的经验证据［J］．审计研究，2015（5）：93-101.

[96] 颜恩点，曾庆生．新闻媒体的信息和监督功能：基于上市公司会计盈余价值相关性的研究［J］．外国经济与管理，2018，40（7）：99-112．

[97] 杨明增，张钦成，王子涵．审计报告新准则实施对审计质量的影响研究——基于2016年A+H股上市公司审计的准自然实验证据［J］．审计研究，2018（5）：74-81．

[98] 姚颐，赵梅．中国式风险披露、披露水平与市场反应［J］．经济研究，2016（7）：158-171．

[99] 叶康涛，张姗姗，张艺馨．企业战略差异与会计信息的价值相关性［J］．会计研究，2014（5）：44-51．

[100] 于忠泊，田高良，齐保垒，等．媒体关注的公司治理机制——基于盈余管理视角的考察［J］．管理世界，2011（9）：127-140．

[101] 喻小明，聂新军，刘华．事务所客户重要性影响审计质量吗？——来自A股市场2003—2006年的证据［J］．会计研究，2008（10）：66-72．

[102] 张呈，陈丽红，张龙平．我国上市公司关键审计事项披露现状及改进［J］．证券市场导报，2019（5）：66-72．

[103] 张程睿．公司信息披露对投资者保护的有效性——对中国上市公司2001—2013年年报披露的实证分析［J］．经济评论，2016（1）：132-146．

[104] 张继勋，蔡闫东，刘文欢．标准审计报告改进、管理层和审计人员的关系与管理层沟通意愿——一项实验证据［J］．审计研究，2016（3）：77-83．

[105] 张继勋，陈颖，吴璇．风险因素对我国上市公司审计收费影响的分析——沪市2003年报的数据［J］．审计研究，2005（4）：34-38．

[106] 张继勋，韩冬梅．标准审计报告改进与投资者感知的相关性、有用性及投资决策［J］．审计研究，2014（3）：51-58．

[107] 张继勋，贺超，韩冬梅．标准审计报告改进与投资者感知的审计人员责任［J］．审计研究，2015（3）：56-63．

[108] 张继勋，贺超，韩冬梅．社会责任负面信息披露形式、解释语言积极性与投资者投资判断——一项实验证据［J］．南开管理评论，2016（6）：133-140．

[109] 张健，魏春燕．法律风险、执业经验与审计质量［J］．审计研究，2016（1）：85-93．

[110] 张俊生，汤晓建，曾亚敏．审计费用信息隐藏与审计质量——基于审计独立性和投资者感知视角的研究［J］．会计研究，2017（8）：88-93．

[111] 张龙平，王军只，张军．内部控制鉴证对会计盈余质量的影响研究——基于沪市A股公司的经验证据［J］．审计研究，2010（2）：83-90．

[112] 张然，张会丽．新会计准则中合并报表理论变革的经济后果研究——基于

少数股东权益、少数股东损益信息含量变化的研究［J］. 会计研究，2008（12）：39-46.

［113］ 张圣利. 新的审计准则提高了审计质量吗——新审计准则实施三年来的经验证据［J］. 山西财经大学学报，2011（8）：108-114.

［114］ 赵刚，江雨佳，马杨，等. 新审计准则实施改善了资本市场信息环境吗？—基于分析师盈余预测准确性的研究［J］. 财经研究，2019，（9）：1-13.

［115］ 赵丽芳. 审计期望差距、差距弥合与治理基础审计——审计责任的历史还原或重塑［J］. 审计研究，2007（2）：69-74.

［116］ 郑石桥. 审计目标、审计意见和审计期望差距：基于审计主题［J］. 会计之友，2015（5）：126-130.

［117］ 钟覃琳，陆正飞. 资本市场开放能提高股价信息含量吗？——基于“沪港通”效应的实证检验［J］. 管理世界，2018，34（1）：169-179.

［118］ 周楷唐，麻志明，吴联生. 持续经营审计意见是否具有额外价值？［J］. 会计研究，2016（8）：81-88.

［119］ 朱凯，李琴，潘金凤. 信息环境与公允价值的股价相关性——来自中国证券市场的经验证据［J］. 财经研究，2008（7）：133-143.

［120］ 祝继高，王珏，张新民. 母公司经营模式、合并-母公司报表盈余信息与决策有用性［J］. 南开管理评论，2014，17（3）：84-93.

［121］ BACKOF A，BOWLIN K，GOODSON B. The Impact of Proposed Changes to the Content of the Audit Report on Jurors’ Assessments of Auditor Negligence［R/OL］.［2019-10-16］. https：//ssrn.com/abstract_id=2446057.

［122］ BALL R，BROWN P. An Empirical Evaluation of Accounting Income Numbers［J］. Journal of Accounting Research，1968，6（2）：159-178.

［123］ BALSAM S，KRISHNAN J，YANG J S. Auditor Industry Specialization and Earnings Quality［J］. Auditing：A Journal of Practice and Theory，2003，22（2）：71-97.

［124］ BAMBER E，MICHAEL S，RICHARD A. The Information Content of the Uncertainty Modified Audit Report：Evidence from Bank Loan Officers［J］. Accounting Horizon，1997，11（2）：1-11.

［125］ BASIOUDIS I G，FRANCIS J R. Big 4 Audit Fee Premiums for National and Office-level Industry Leadership in the United Kingdom［J］. Auditing：A Journal of Practice and Theory，2007，26（2）：143-166.

[126] BASU S. The Conservatism Principle and the Asymmetric Timeliness of Earnings [J]. Journal of Accounting and Economics 1997, 24 (1): 3-37.

[127] BEATTY R P. The Economic Determinants of Auditor Compensation in the Initial Public Offerings Market [J]. Journal of Accounting Research, 1993, 31 (2): 294-302.

[128] BELL T B, CAUSHOLLI M, KNECHEL W R. Audit Firm Tenure, Non-audit Services, and Internal Assessments of Audit Quality [J]. Journal of Accounting Research, 2015, 53 (3): 461-509.

[129] BLAY A D, NOTBOHM M, SCHELLEMAN C, et al. Audit Auality Effects of An Individual Audit Engagement Partner Signature Mandate [J]. International Journal of Auditing, 2014, 18 (3): 172-192.

[130] BRASEL K, DOXEY M M, GRENIER J H, et al. Risk Disclosure Preceding Negative Outcomes: The Effects of Reporting Critical Audit Matters on Judgments of Auditor Liability [J]. The Accounting Review, 2016, 91 (5): 1345-1362.

[131] BROWN T, MAJORS T M, PEECHER M E. The Impact of a Judgment Rule and Critical Audit Matters on Assessments of Auditor Legal Liability-the Moderating Role of Legal Knowledge [J]. Working paper, 2014.Available at https: //papers.ssrn.com/ abstract_id=248322.

[132] CADE N, F D HODGE. The Effect of Expanding the Audit Report on Managers' Communication Openness [J]. Working paper, 2014. Available at https: //papers.ssrn. com/abstract_id=2433641.

[133] CARCELLO J, SANTORE R. Engagement Partner Identi fi cation: A Theoretical Analysis [J]. Accounting Horizons, 2015, 29 (2): 297-311.

[134] CARSON E, FARGHER N L, GEIGER M A, et al. Audit Reporting for Going Concern Uncertainty: A research Synthesis [J]. Auditing: A Journal of Practice and Theory, 2013, 32 (Supplement 1): 353-384.

[135] CARVE B T, TRINKLE B S. Nonprofessional Investors' Reactions to the PCAOB's Proposed Changes to the Standard Audit Report [J]. Working paper, 2017. Available at https: //papers. ssrn. com/abstract_id= 2930375.

[136] CHAN K H, WU D. Aggregate Quasi Rents and Auditor Independence: Evidence from Audit Firm Mergers in China [J]. Contemporary Accounting Research, 2009, 28 (1): 175 -213.

[137] CHOI J H, CHANSOG K, KIM J B, et al. Audit Office Size, Audit Quality and Audit Pricing [J]. Auditing: A Journal of Practice and Theory, 2010, 29 (1): 73-97.

[138] CHOI S K, JETER D C. The Effect of Qualified Audit Opinions on Earnings Response Coefficients [J]. Journal of Accounting and Economics, 1992, 15 (2-3): 229-247.

[139] CHRISTENSEN B E, GLOVER S, STEVEN M, et al. Do Critical Audit Matter Paragraphs in the Audit Report Change Nonprofessional Investors' Decision to Invest? [J]. Auditing: A Journal of Practice and Theory, 2014, 33 (4): 71-93.

[140] CHURCH B K, DAVIS S M, MCCRACKEN S A. The Auditor's Reporting Model: A Literature Overview and Research Synthesis [J]. Accounting Horizons, 2008, 22 (1): 69-90.

[141] CZERNEY K, SCHMIDT J J, THOMPSON A M. Do Investors Respond to Explanatory Language Included in Unqualified Audit Reports? [J]. Contemporary Accounting Research, 2019, 36 (1): 198-229.

[142] DAO M, RAGHUNANDAN K, RAMA D V. Shareholder Voting on Auditor Selection, Audit Fees, and Audit Quality [J]. The Accounting Review, 2012, 87 (1): 149-171.

[143] DEANGELO L E. Auditor Size and Audit Quality [J]. Journal of Accounting and Economics, 1981, 3 (3): 183-199.

[144] DEFOND M L, FRANCIS J R, Wong T J. Auditor Industry Specialization and Market Segmentation: Evidence from Hong Kong [J]. Auditing: A Journal of Practice and Theory, 2000, 19 (1): 49-66.

[145] DEFOND M, ZHANG J. A Review of Archival Auditing Research [J]. Journal of Accounting and Economics, 2014, 58 (2/3): 275-326.

[146] DOXEY M. The Effect of Auditor Disclosures Regarding Management Estimates on the Investments and Perceptions of Financial Statement Users [J]. Working paper, 2014. Available at https://papers.ssrn.com/abstract_id=2181624.

[147] DYE R A. Accounting Standards, Legal Liability, and Auditor Wealth [J]. Journal of Political Economy, 1993, 101 (5): 887-914.

[148] ELLIOTT W B, Rennekamp K M, White B J. The Paradoxical Effects of Directional Goals on Investors'Risk Perceptions and Valuation Judgments [J]. Working Paper, 2015. Available at https://papers.ssrn.com/sol3/

papers.cfm? abstract_id=2441221.

[149] FIRTH M, MO P L L, WONG R M K. Auditor's Organization Form, Legal Liability, and Reporting Conservatism: Evidence from China [J]. Contemporary Accounting Research, 2012, 29 (1): 57-93.

[150] GIMBER C, HANSEN B, OZLANSKL M. The Effects of Critical Audit Matter Paragraphs and Accounting Standard Precision on Auditor Liability [J]. The Accounting Review, 2016, 91 (6): 1629-1646.

[151] GRAY G L, TURNER J L, CORAM P J, et al. Perceptions and Misperceptions Regarding the Unqualified Auditor's Report by Financial Statement Preparers, Users, and Auditors [J]. Accounting Horizons, 2011, 25 (4): 659-684.

[152] GUL F A, KIM J B, QIU A A. Ownership Concentration, Foreign Shareholding, Audit Quality, and Stock Price Synchronicity: Evidence from China [J]. Journal of Financial Economics, 2010, 95 (3): 425-442.

[153] GUL F A, WU D, YANG Z. Do Individual Auditors Affect Audit Quality? Evidence from Archival Data [J]. The Accounting Review, 2013, 88 (6): 1993-2023.

[154] GUTIERREZ E F, MINUTTI-MEZA M, TATUM K W, et al. Consequences of Adopting an Expanded Auditor's Report in the United Kingdom [J]. Review of Accounting Studies, 2018, 23 (4): 1543-1587.

[155] HEINLE M S, SMITH K C. A Theory of Risk Disclosure [J]. Review of Accounting Studies, 2017, 22 (4): 1459-1491.

[156] CHEAH E T, JAMALI D, JOHNSON J E V. Drivers of Corporate Social Responsibility Attitudes: The Demography of Socially Responsible Investors [J]. British Journal of Management, 2011, 22 (2): 305-323.

[157] KACHELMEIER S J, SCHMIDT J J, VALENTINE K. The Disclaimer Effect of Disclosing Critical Audit Matters in the Auditor´s Report [J]. Working paper, 2017. Available at https: //ssrn. com/abstract_id=2481284.

[158] KELTON A S, MONTAGUE N R. The Unintended Consequences of Uncertainty Disclosures Made by Auditors and Managers on Nonprofessional Investor Judgments [J]. Accounting, Organizations

and Society，2018，65：44-55.

[159] KÖHLER A，RATZINGER-SAKEL N，THEIS J. The Effects of Key Audit Matters on the Auditor's Report's Communicative Value：Experimental Evidence from Investment Professionals and Non-professional Investors [J]. Accounting in Europe，2020，17（2）：105-128.

[160] KRAVET T，MUSLU V. Textual Risk Disclosures and Investors' Risk Perceptions [J]. Review of Accounting Studies，2013，18（4）：1088-1122.

[161] LAUX V，NEWMAN P D. Auditor Liability and Client Acceptance Decisions [J]. The Accounting Review，2010，85（1）：261-285.

[162] LAWRENCE A，MINUTTI-MEZA M，ZHANG P. Can Big 4 Versus Non-Big 4 Differences in Audit-quality Proxies be Attributed to Client Characteristics [J]. The Accounting Review，2011，86（1）：259-286.

[163] LEGORIA J，MELENDREZ K D，REYNOLDS J K. Qualitative Audit Materiality and Earnings Management [J]. Review of Accounting Studies，2013，18（2）：414-442.

[164] LENNOX C，FRANCIS J R，WANG Z. Selection Models in Accounting Research [J]. The Accounting Review，2012，87（2）：589-61.

[165] LENNOX C，SCHMIDT J，THOMPSON A M. Is the Expanded Model of Audit Reporting Informative to Investors? Evidence from the UK [EB/OL]. [2016-8-12]. https：//ssrn.com/abstract_id=2619785.

[166] LI F. Annual Report Readability Current Earnings and Earnings Persistence [J]. Journal of Accounting and Economics，2008，45（2）：221-247.

[167] LO K，RAMOS F，ROGO R. Earnings Management and Annual Report Readability [J]. Journal of Accounting and Economics，2017，63（1）：1-25.

[168] MICHAS P N. The Importance of Audit Profession Development in Emerging Market Countries [J]. The Accounting Review，2011，86（5）：1731-1764.

[169] MINUTTI-MEZA M. Does Auditor Industry Specialization Improve Audit Quality [J]. Journal of Accounting Research，2013，51（4）：779-817.

[170] MOCK T J，BÉDARD J，CORAM P J，et al. The Audit Reporting

Model: Current Research Synthesis and Implications [J]. Auditing: A Journal of Practice and Theory, 2013, 32 (Supplement 1): 323 - 351.

[171] NEWTON N J, WANG D, WILKINS M S. Does a Lack of Choice Lead to Lower Quality? Evidence from Auditor Competition and Client Restatements [J]. Auditing: A Journal of Practice & Theory, 2013, 32 (3), 31-67.

[172] PHILLIPS J. Do Audit Report Disclosures Lead to Increased Liability Exposure? An Investigation of Juror ' s Consideration of Auditors ' Disclosure of Significant Deficiencies in Internal Control [J]. Working paper, 2015. Available at https: //papers. ssrn. com/abstract_id= 2586128.

[173] PUBLIC COMPANY ACCOUNTING OVERSIGHT BOARD (PCAOB). Supplemental Request for Comment: Rules to Require Disclosure of Certain Audit Participants on a New Form [R]. Release No. 2015-004. New York, NY: PCAOB, 2015.

[174] REID L C, CARCELLO J V, LI C, et al. Are Auditor and Audit Committee Report Changes Useful to Investors? Evidence from the United Kingdom [J]. Working paper, 2015. Available at https: // papers.ssrn.com/abstract_id=2637880.

[175] REID L C, CARCELLO J V, LI C, et al. Impact of Auditor Report Changes on Financial Reporting Quality and Audit Costs: Evidence from the United Kingdom [J]. Contemporary Accounting Research, 2019, 36 (3): 1501-1539.

[176] REYNOLDS J K, FRANCIS J. Does Size Matter? The Influence of Large Clients on Office-level Auditor Reporting Decisions [J]. Journal of Accounting and Economics, 2000, 30 (3): 375-400.

[177] SHIMIN C, SUNNY Y J S, WU D. Client Importance, Institutional Improvements, and Audit Quality in China: An Office and Individual Auditor Level Analysis [J]. The Accounting Review, 2010, 85 (1): 127-158.

[178] SIMNETT R, HUGGINS A. Enhancing the Auditor's Report: To what Extent is there Support for the IAASB ' s Proposed Changes? [J]. Accounting Horizons, 2014, 28 (4): 719-747.

[179] SIROIS L, J BÉDARD, P BERA. The Informational Value of Emphasis of Matter Paragraphs and Auditor Commentaries: Evidence from an Eye-

Tracking Study [J]. Accounting Horizons, 2018, 32 (2), 141-162.
[180] SLOVIC P. Perception of Risk [J]. Science, 1987, 236 (4799): 280-285.
[181] SMITH K. Tell Me More: A Content Analysis of Expanded Auditor Reporting in the United Kingdom [J]. Working paper, 2016. Available at https://ssrn.com/abstract_id=2821399.
[182] TEOH S H, WONG T J. Perceived Auditor Quality and the Earnings Response Coefficient [J]. The Accounting Review, 1993, 68 (2): 346-366.
[183] VANSTRAELEN A, SCHELLEMAN C, MEUWISSEN R, et al. The Audit Reporting Debate: Seemingly Intractable Problems and Feasible Solutions [J]. European Accounting Review, 2012, 21 (2): 193-215.
[184] WRIGHT A M, WRIGH S. Modification of the Audit Report: Mitigating Investor Attribution by Disclosing the Auditor's Judgment Process [J]. Behavioral Research in Accounting, 2014, 26 (2): 35-50.
[185] YU H C. Legal Systems and auditor independence [J]. Review of Accounting Studies, 2011, 16 (2): 377-411.

索引

后记

时光荏苒，岁月如梭。进入中南财经政法大学攻读博士学位的日子已经结束，回想往事，博一时的兴奋、博二时的迷茫、博三时的焦虑，一幕幕浮现在眼前……不可否认，读博三年非常辛苦，不仅承受着较大的科研压力，还要面临生活中的各种窘迫。但是，回望过去，收获更多，能够顺利完成本书的写作，离不开大家对我的关心和帮助。

感谢我的博士生导师张龙平教授在论文选题、框架构建以及数据收集等方面给予的无私帮助。学生不才，能力有限，感恩导师从不给我施加压力，而且耐心地帮我答疑解惑。您严谨的治学风格、孜孜不倦的钻研精神以及乐观积极的生活态度，值得我一辈子学习。感谢我的副博士生导师陈丽红教授在论文实证部分给予的重要帮助，没有您的帮助，我可能会花费更多的时间，走很多的弯路。

感谢中南财经政法大学的罗飞教授、李璐教授、刘圻教授、柳光强教授、郭飞教授等老师，在论文开题以及预答辩中提出的宝贵意见和修改建议，正是这些意见和建议让我更加充分地认知到论文中的不足，及时调整论文写作方向，完善论文相关内容。

感谢我的同门师兄潘临在读博期间无数次地给予我帮助，无论是STATA学习与应用、数据收集与查找，还是论文写作与投稿，师兄都能毫无保留地传授我经验，令我十分感动。同时，感谢我的师姐仲杨梅、师妹熊雪梅、师弟杨钦皓，在我备受煎熬、心情压抑的时候，听我抱怨，给我安慰，是你们帮助我渡过了情绪低迷的时期，由衷感谢大家。

感谢中南财经政法大学会计学院2016级的博士研究生同窗罗忠莲、郭阳生、苗霞、陈莉萍、刘会芹、张桂玲、许汝俊、戴钰慧、曾敬等同学，是你们让我感受到集体的温暖以及博士生活的丰富多彩。感谢中南财经政法大学会计学院2017级的博士研究生牛艺琳师弟，你与我一同手工整理数据，没有你不辞劳苦，坚持努力，我需要多花几个月的时间整理数据，本书也不可能如期完成，师弟辛苦了！

特别感谢湖北经济学院会计学院李长爱教授在学习和生活上给予的热情关怀和无私帮助。李长爱老师豁达开朗、温柔贤惠、热爱生活、充满正能量，跟您交流让我身心愉悦。老师严于律己、宽以待人，做事井井有条，是我学习的榜样。

最后，由衷地感谢我的父母，是你们竭尽所能、不图回报地创造条件养育我成长，女儿感激不已，今生定当好好尽孝。感谢我的爱人姜德志先生这些年的付出与陪伴，你为了让我安心读博，舍弃了很多机会、承担了很多家务，并且在我迷茫与困惑的时候开导我、宽慰我，未来的日子让我们风雨同舟、携手并进。感谢我的女儿姜宇桐，你的微笑带给我无限力量，让我明白奋斗的意义。感谢我的妹妹、舅舅以及所有关心我的亲朋好友，祝愿大家永远健康快乐，心想事成！

张　呈
2022年4月